Joachim Roller

Lebt als Kinder des Lichts

Joachim Roller

Lebt als Kinder des Lichts

Predigten

Fromm Verlag

Impressum/Imprint (nur für Deutschland/ only for Germany)
Bibliografische Information der Deutschen Nationalbibliothek: Die Deutsche Nationalbibliothek verzeichnet diese Publikation in der Deutschen Nationalbibliografie; detaillierte bibliografische Daten sind im Internet über http://dnb.d-nb.de abrufbar.

Coverbild: www.ingimage.com

Contact:
International Book Market Service Ltd., 17 Rue Meldrum, Beau Bassin, 1713-01 Mauritius
Website: www.bookmarketservice.com
Email: info@bookmarketservice.com

Gedruckt in: USA, UK, Deutschland. Dieses Buch wurde nicht in Mauritius produziert.

Imprint (only for USA, GB)
Bibliographic information published by the Deutsche Nationalbibliothek: The Deutsche Nationalbibliothek lists this publication in the Deutsche Nationalbibliografie; detailed bibliographic data are available in the Internet at http://dnb.d-nb.de.

Cover image: www.ingimage.com

Contact:
International Book Market Service Ltd., 17 Rue Meldrum, Beau Bassin, 1713-01 Mauritius
Website: www.bookmarketservice.com
Email: info@bookmarketservice.com

Printed in: U.S.A., U.K., Germany. This book was not produced in Mauritius.

ISBN: 978-3-8416-0088-2

Inhalt

Zum Geleit

Lebt als Kinder des Lichts! Diese Aufforderung aus dem Epheserbrief[1] des Paulus lässt uns aufatmen und eröffnet Perspektiven. Sie zeigt, wohin wir gehören: wir kommen vom Licht – jenem uralten Synonym für Gott. Gleichzeitig formuliert Paulus hier aber auch einen Anspruch Gottes an uns. Jedes Wort ist es daher wert, genau auf seinen Gehalt hin geprüft zu werden.

Zu leben bedeutet Wachstum, Veränderung und Lernen. Leben ist ständiger Austausch mit der Umwelt, keine isolierte Privatexistenz. Leben bedeutet auch, sich nicht nur in abgehobenen Sphären zu bewegen, sondern andere Menschen an sich selbst teilhaben zu lassen. Wie viele Menschen haben nicht im tiefsten Herzen Angst vor dem Leben: Angst vor Veränderung, vor den Mitmenschen, Angst vor der Freiheit, die eben auch Verantwortung mit sich bringt. Leben schließt auch Vergänglichkeit mit ein. So ist „ewiges Leben" nach unseren Maßstäben fast schon ein paradoxer Begriff, denn Leben vollzieht sich im Werden und Vergehen, das selbst wiederum Bedingung für neues Werden ist.

Lebt als Kinder: Unbefangen und vertrauend, in fester Bindung an die Eltern, die verlässlichen Halt geben. Kind zu sein bedeutet auch, manche Dinge eben nicht selbst steuern oder regeln zu müssen. Kindsein heißt, altersgemäße Verantwortung zu tragen, das darüber Hinausgehende jedoch bei den Eltern wohl aufgehoben zu wissen.

Lebt als Kinder des Lichts: Christen sind Lichtträger. So wie man Kindern oftmals die Gesichtszüge der Eltern ansieht, also ihre leibliche Herkunft erkennt, so ist es auch mit geistlichen Kindern. Wer seine Augen nicht verschließt, wird die „Herkunft" geistlicher Menschen erkennen können. „Du strahlst ja so!" – wie oft habe ich nicht diese verwunderten Worte gehört von Menschen, als diejenigen, die sie zu kennen glaubten, völlig neu zu Gott gefunden hatten!

So bedeutet die Aufforderung, als Kinder des Lichts zu leben, nichts weniger, als das ewige Licht in unserem alltäglichen Leben sichtbar, fühlbar und für Andere erfahrbar werden zu lassen.

Folgt man dem Apostel Paulus, so kommt der Glaube aus der Predigt.[2] Auch wenn ich ihm diesbezüglich nur eingeschränkt zustimme, haben Predigten ihren

---

[1] Epheser 5, 8.

[2] Römer 10, 17 sowie Galater 3, 2.5.

unbestrittenen Sinn und Zweck. Nicht nur, dass gute und inspirierte Predigten in der Tat bisweilen Glauben zu wecken vermögen; sie tragen im Idealfall auch zum geistlichen Wachstum und Erkenntnisgewinn der Gemeinde sowie zum Verständnis Gottes und seines Reiches bei. Insofern haben auch Predigtsammlungen wie die vorliegende ihre – hoffentlich Frucht bringende – Existenzberechtigung.

Eine Rede ist bekanntlich keine Schreibe – das ist das Grundproblem aller Predigtsammlungen. Die gesamte „nonverbale Kommunikation", also Gestik, Mimik, Tonfall etc., fehlt und kann nur unzureichend kompensiert werden. Manche Formulierungen, die aus dem Moment heraus anders – meist salopper – erfolgten, mussten für dieses Buch eine moderate Umarbeitung erfahren. Wo die Gemeinde direkt angesprochen wird, habe ich dies meist belassen, um den Predigtcharakter nicht allzu sehr zugunsten des Essayistischen zu verlassen.

Hinzu kommt in diesem Falle eine spezielle Eigenheit meines geistlichen Dienstes: Dadurch, dass ich keine regelmäßigen Predigten halte, sondern meist als Gastprediger in verschiedenen Gemeinden zu besonderen Anlässen eingeladen werde, ergeben sich manche Doppelungen oder Defizite. So werden Sie hier zwar mehrere Osterpredigten, aber keine Weihnachtspredigt finden. Ich war darüber hinaus so frei, sich aus meinem geistlich-musikalischen Aufgabenbereich ergebende, predigtähnliche bzw. meditative Beiträge zu Programmheften von Kirchenkonzerten dieser Sammlung beizufügen.

Manche Predigten sind aus bestimmten Situationen entstanden oder für bestimmte Zielgruppen konzipiert worden. Wo es mir erforderlich schien, habe ich daher die näheren Umstände der Predigt in *kursiver* Schrift den eigentlichen Predigten voran gestellt. Wo den Predigten keine Themen, sondern konkrete Perikopen – also in sich geschlossene biblische Geschichten – zugrunde liegen, habe ich diese gemäß dem revidierten Luthertext von 1984 zitiert.

Und nun wünsche ich einfach, dass Ihnen Gottes reicher Segen beim Lesen zuteil werden möge und Sie vielleicht manche Antworten auf Ihre Fragen finden.

Nürnberg, im Juli 2011 Joachim Roller

Predigten zum Kirchenjahr

Gott – die Lösung unserer Energieprobleme (Advent)

Man kann immer wieder tanken oder den Tank ganz leer fahren – wenn man sich dann weigert zu tanken, muss man sich nicht wundern, wenn man auf der Strecke liegen bleibt. Es ist dabei relativ egal, ob man immer wieder ein wenig tankt oder eben seltener und dann ganz viel. Nur: Irgendwann ist der Tank eben leer.

Oder nehmen wir ein Beispiel aus meinem Beruf, die Vorbereitungen des Schulunterrichts: Ich kann den Unterricht in einer Klasse Stunde für Stunde vorbereiten. Das kostet mich öfter, aber dafür jeweils weniger Zeit. Oder aber ich bereite einen ganzen Themenbereich über mehrere Unterrichtsstunden auf einmal vor. Dann brauche ich dafür einmal viel Zeit und dafür später kaum noch. Das Problem dabei ist aber, dass ich ständig überwachen muss, ob meine Planungen noch mit der Realität übereinstimmen. Denn wenn eine Stunde halb verquatscht wird, der Lernfortschritt nicht entsprechend meinen Vorstellungen vonstatten geht oder ähnliches, dann muss ich meine Vorbereitungen modifizieren. Wenn ich das nicht tue, muss ich nicht wundern, wenn der Unterricht spätestens in der dritten oder vierten Stunde in Chaos ausartet.

Oder die Wettervorhersage: Will ein Meteorologe wissen, wie das Wetter in zwei Stunden sein wird, füttert er seinen Rechner mit den aktuellen Daten und bekommt nach relativ kurzer Zeit ein sehr zuverlässiges Ergebnis. Will er wissen, wie das Wetter in zwei Tagen sein wird, tut er das gleiche, nur dass der Computer deutlich länger braucht. Das Ergebnis ist immer noch recht zuverlässig. Will er aber wissen, wie die Sache in zwei bis drei Wochen aussieht, rechnet die Maschine sehr lange und es kommen oft nur noch unsinnige und widersprüchliche Ergebnisse heraus.

Ob Tank, Unterricht oder Wettervorhersage: Es gibt eine gewisse zeitliche Toleranzbreite für die einzelnen Aufenthalte an Tankstellen, den Abstand der Unterrichtsvorbereitungen oder die Korrektur von Wettervorhersagen. Nur: Je größer dieser Abstand ist, desto wachsamer muss man sein, ob der Tankinhalt noch reicht bzw. ob Realität und Plan noch übereinstimmen.

Dasselbe gilt für unser geistliches Leben. Ob wir täglich zwanzig Minuten oder zweimal in der Woche eine Stunde unsere persönliche Andacht halten, mag noch relativ egal sein. Aber wenn wir es seltener tun, als unser geistlicher Tank hält, ist dies bodenloser Leichtsinn und berufener Christen wahrhaft nicht würdig, denn diese sollten es besser wissen. Wir müssen unseren Tank, unser Wettermodell, unsere Unterrichtsvorbereitungen ständig daraufhin überprüfen, ob sie noch tragfähig sind.

Nun könnte man es sich einfach machen und sagen: Dann tanke ich eben alle zehn Kilometer, dann kann nichts passieren. Stimmt. Doch dann wird man so richtig auch nicht mehr vorwärts kommen. Wer dreimal täglich eine Stunde im Gebet verbringt, mag ein ungeheuer intensives geistliches Leben haben, eine Familie, Freunde, ein Hobby oder einen Beruf kann so jemand aber bestimmt nicht mehr brauchen. Außerdem besteht dann die Gefahr, dass das Abhalten der Andachten zum Zwang, ja geradewegs eine Sucht wird. Damit wird aber unsere christliche Freiheit wiederum ad absurdum geführt.

Es führt kein Weg daran vorbei, dass wir unseren inneren „Tankstandsanzeiger" ständig beobachten. Das ist unsere Erfüllung, das ist unser Friede, das ist unsere geistliche Wirksamkeit, das ist unsere Freude. Wenn wir merken, dass wir friedlos werden, freudlos, mürrisch, reizbar, im Dienst nicht mehr gefordert oder nicht mehr so stark wirksam, ist das sozusagen das gelbe oder rote Alarmlicht unserer Tankuhr. Höchste Zeit, wieder nachzuladen, sonst bleiben wir auf der Strecke liegen, und wir werden womöglich von Fahrzeugen mit anderen Antrieben – weltlichen, esoterischen oder gar ungeistlichen – überholt. Das ist dann sicherlich eine großartige Empfehlung für unseren „geistlichen Motor".

Klar – auch wir sind keine Übermenschen, aber wir sollen Gott und seinen Geist auch nicht versuchen, indem wir uns in die Gefangenschaft einer Schein-Unabhängigkeit begeben, wenn wir sagen: ich bete, wann ich dazu Zeit habe und es für richtig halte. Ja, das können wir. Aber dann müssen wir auch in der Lage sein, unsere Tankuhr abzulesen. Wir können nicht voller Stolz mit unserem geistlichen Porsche durch die Lande rasen und uns nicht um unseren Tank kümmern. Es mag ja egal sein, ob wir an der nächsten oder der übernächsten Tankstelle anhalten. Aber die Tankuhr einfach ignorieren und sagen: Von dir lass ich mir hier nicht vorschreiben, wann das Benzin alle ist, hat fatale Folgen. Und nicht nur für uns.

Jeder Christ, jedes „geistliche Auto" ist Teil eines Konvois – des Leibes Christi. „Wenn ein Glied leidet, so leiden alle Glieder mit, und wenn ein Glied sich freut, so freuen sich alle Glieder mit“, schreibt Paulus. Das bedeutet: Jedes geistliche Auto, das wegen eines unerwartet leeren Tanks liegen bleibt, hält den ganzen Konvoi auf. Natürlich passieren auch „geistlichen Fahrzeugen“ Pannen, aber die Fahrer(innen) sollten eben sorgfältig darauf achten, dass sie diese nicht fahrlässig herbeiführen.

Außerdem sind wir keine normalen Fahrzeuge. Wir sind regelrecht als Pannenhelfer unterwegs, sozusagen der „geistliche ADAC“ für die Welt. Wir fahren mit unserem Leben gewissermaßen Streife und sind bei Bedarf für andere, liegen gebliebene Fahrzeuge da. Die einen warten am Straßenrand vielleicht nur auf jemanden, der ihnen den richtigen Weg sagt. Andere haben einen Totalschaden oder kriegen ihre Kiste nicht mehr zum Fahren. Für diese Menschen sind wir da. Auch müssen wir manchmal Leute mitnehmen und bei der nächsten Ausfahrt wieder absetzen. *Das bedeutet, unser geistliches Leben muss ein sicheres, zuverlässiges und gut ausgestattetes Fahrzeug sein.* Es darf nicht wegen unserer Faulheit, Bequemlichkeit, weltlichen Einflüssen oder ähnlichem ohne wirkliche Not liegen bleiben und selber auf Hilfe angewiesen sein. Uns sollte das regelmäßige Tanken – das sind die persönlichen Andachten – und der Kundendienst – das sind unsere Gottesdienste, Treffen und Gespräche – im Regelfall genügen.

Und noch ein Letztes, zunächst ganz Weltliches. Bei den Spritpreisen, die wir momentan haben, lohnt sich vielleicht der Umstieg auf alternative Treibstoffe, etwa Strom, Biodiesel oder Pflanzenöl. Stellen wir uns nun einmal vor: Da fahren ein paar Leute, die die Zeichen der Zeit erkannt und die Gelegenheit beim Schopf gepackt haben, mit ihren Rapsautos umeinander, dick beklebt mit Stickern: „Ich fahre umweltfreundlich“, „Ich zahle weniger als ihr“, „Zahlt ihr noch oder fahrt ihr schon?“ Dazu laute Rufe aus dem Auto: „Ich fahre mit Rapsöl viiiieeeeel billiger!“ Mal ehrlich: Wie würden wir reagieren? Begeistert mit unserem liebsten Kind in die nächste Werkstatt dackeln und gleich den kompletten Antrieb umbauen lassen? Oder schon aus grundsätzlichem Protest gegen diese penetrante Art lieber das Benzin auch noch aus der Tasse trinken?

Unsere geistlichen Autos müssen schon selber auf sich aufmerksam machen. Durch Ausstattung, Zuverlässigkeit und Sicherheit. Wenn die Autos um uns herum merken, wie wenig wir liegen bleiben oder, wenn wir das mal tun sollten, wie gut, erfolgreich und getrost wir mit Pannen umgehen können, dann werden wir auch nach den Besonderheiten unseres Modells gefragt. Das ist dann mit Sicherheit die beste Werbung.

Ganz zum Schluss noch ein Wort zur Fahrweise. Die Fahrweise hat ganz entscheidenden Einfluss auf den Zustand und den Verbrauch eines Autos. Wer grundsätzlich nur Kavalierstarts hinlegt, Vollgas fährt und prinzipiell nur bei Gegenverkehr überholt, muss sich nicht wundern, wenn das Auto alle Nase lang in der Werkstatt oder im Graben landet. Wenn wir so leben, dass wir sehr viel Kraft und Energie brauchen, müssen wir auch öfter nachtanken und auch öfter zum Kundendienst. Man muss auch aufpassen, wen man mit ins Auto nimmt. Wir lassen viele Menschen freiwillig bei uns mitfahren, die uns die ganze Zeit nur nerven oder ablenken. Warum tun wir das? Aus Pflichtgefühl? Aus Freundschaft? Aus Kollegialität? Aus familiären Gründen?

Wir *müssen* vieles tun, was uns nicht gut tut. Aber warum tun wir *freiwillig* Dinge, die uns nicht gut tun? Wir umgeben uns ohne Not mit Menschen, die für unser Leben keinerlei Wert haben und an denen wir auch keinen Dienst tun. Warum schleppen wir die immer noch mit uns herum? Wir schauen Filme an, die vielleicht spannend sind, uns aber unseren Frieden und unsere Kraft rauben. Wieso tun wir das? Haben wir keinen Mut, das zu ändern? Oder kleben wir doch noch so an der Welt, dass wir unsere Identität nicht allein von Gott, sondern auch von Mitmenschen beziehen, die uns verweltlichen, die uns schaden, weil sie unsere Kraft rauben, die wir für unser Heil und das Anderer bräuchten?

Vielleicht haben wir einmal den Mut, unser Leben auszumisten. Die Antwort auf die Frage, wer wir sind, kommt allein von Gott, nicht von unserer Familie, alten Bekannten oder guten Freunden. Nicht alles, was wir tun, tut uns gut. Nicht alle Menschen, mit denen wir uns freiwillig abgeben, tun uns gut. Wenn der Grund für den Kontakt kein sozialer, geistlicher Dienst oder menschliche Verbundenheit ist, dann weg damit. Schneiden wir uns doch einfach mal frei von dem ganzen Gestrüpp, das unser Leben eingewuchert hat. Vielleicht sind darunter Pflanzen, die einst schön geblüht haben. Vielleicht sind beeindruckende Gewächse darunter, die sich aber als giftig erwiesen haben. Möglicherweise finden wir beim Ausmisten dann ein paar fast verkümmerte Blümchen, wunderschön, die wir ohne diese Aktion nie wieder gesehen hätten.

Natürlich ist das alles nicht einfach. Paulus selbst bekennt: „Was ich nicht will, das tue ich, und was ich will, das tue ich nicht." Aber einen Versuch ist es wert.

Denken wir also immer ans Tanken, an die Kundendienste, an unsere Fahrweise und daran, wen wir warum und wie lange mitnehmen.

Eine kleine Hausaufgabe für die Zeit des Wartens auf den Herrn, die uns vorbereiten kann auf eines der größten Geschenke Gottes: die erlebbare Geburt Jesu – in uns!

Gottes Ohnmacht und Gottes Allmacht[3]

Haben Sie schon einmal an Gottes Allmacht gezweifelt? Vertrauen Sie wirklich noch darauf, dass Gott alles so herrlich regieret? Ein Blick in die Nachrichten sollte genügen. Sind die Zustände auf dieser Welt nicht ein Beweis dafür, dass es Gott nicht gibt oder dass er zumindest machtlos und damit überflüssig ist?

Es ist nur zu verständlich, solche Fragen zu stellen. Ja, es ist sogar verständlich, dass manche Menschen an solchen Fragen zerbrechen. Und trotzdem: Sollten Christinnen und Christen, die ihren Glauben, ihr Gottvertrauen trotz allem nicht aufgeben, einfach nur unverbesserliche Idealisten sein, bar jeder Vernunft und Einsicht?

Diese Fragen, die wir uns tagtäglich stellen oder auch stellen lassen müssen, treffen aber genau in das Zentrum unseres heutigen Themas: Warum bringt Gott nicht einfach alles zurecht, wenn er doch angeblich allmächtig ist? Warum lässt er soviel zu? Nicht zuletzt den Mord an seinem eigenen Kind – wahrscheinlich das Schlimmste, was Menschen überhaupt erleben können?

Um Gott in seinem Verhalten vielleicht ein wenig besser zu verstehen, muss man etwas tiefer einsteigen in die Grundbedingungen unseres Menschseins.

Die Religion an sich wurde aus der Erfahrung der Ohnmacht des Menschen geboren. Das Ausgeliefertsein an Naturgewalten, der tägliche Kampf ums nackte Überleben, die Nähe des Todes boten den fruchtbaren Boden, auf dem die Religiosität des Menschen wachsen konnte. Zunächst ist die Religiosität des Menschen nichts als der Versuch, Macht zu erlangen – Macht über die Unwägbarkeiten des Lebens. Religion und religiöse Zeremonien dienten über Jahrtausende der Beeinflussung des Schicksals. Dazu schuf sich der Mensch zunächst einmal Götter nach seinem Bilde: Götter, die wie Menschen dachten und handelten, aber eben nach seiner Vorstellung viel mächtiger waren.

Macht ist aber seit jeher auch im zwischenmenschlichen Bereich eine bestimmende Größe. Wir brauchen dabei gar nicht zuerst auf die großen staatlichen Apparate zu sehen: Bereits bei der Frage, wer die drei Kirschen des

---

[3] Diese Predigt wurde bereits im Rahmen ausführlicher Gedanken zur göttlichen Allmacht in meinem *Buch Ströme lebendigen Wassers. Band 1: Grundlagen geistlichen Glaubens*, Norderstedt 2. Aufl. 2010, veröffentlicht und hier deswegen wiedergegeben, weil sie meiner Erfahrung nach wesentliche Fragen unseres zeitgenössischen Christseins angeht.

nachbarlichen Baumes, die auf einem zu mir herüber hängenden Ast wachsen, essen darf, können sich ganze Gerichtsprozesse entzünden. Auch hier geht es um nichts anderes als Macht. Machtkämpfe spielen sich innerhalb von Familien ab – und sei es nur ums Fernsehprogramm. Machtspiele gibt es unter Autofahrern, unter Eheleuten, unter Arbeitskollegen – überall.

Warum? Was haben wir alle davon? Was hat es nun mit diesem Streben nach Macht auf sich?

Das Streben nach Macht entspringt letztlich genau dieser Ur-Erfahrung des Menschen, der Begrenztheit, der Endlichkeit, der Verletzbarkeit. Und nach der fehlenden Antwort auf die Fragen: Wer bin ich, woher komme ich, wohin gehe ich, was soll ich auf dieser Welt? Alles menschliche Bemühen um Antworten auf diese Fragen führte zwar zu teilweise immensen Geistesleistungen, aber nie zu einem bleibenden Heil. Das geradezu Teuflische an diesem alltäglichen Machtstreben ist, dass es dazu dient, die Frage danach, wer ich bin und wozu ich da bin, auf Kosten anderer, Schwächerer zu beantworten. Jeder Mensch, über den ich Macht habe, gibt mir ein Stück Stärke und damit Identität. Damit ich mich stark fühlen kann, brauche ich andere, die schwächer sind als ich. Um selber jemand oder etwas zu sein, muss ich andere Menschen ihrer Identität berauben. Wir sehen dieses Phänomen in jeder Justizvollzugsanstalt, wo Häftlinge zu Nummern werden, wir sehen es an den Demütigungen in Gefangenenlagern, wir haben es sehen müssen im Krieg auf dem Balkan, wo gute Nachbarn plötzlich einander umbrachten, weil sie unbedingt die Stärkeren sein wollten. Wir sehen es an all den ausländerfeindlichen Umtrieben, wir sehen es in der Asylpolitik, im Umgang totalitärer Regime mit Kritikern – praktisch überall.

Ob aber nun im Kleinen oder im Großen: Das missbräuchliche Ausüben von Macht nimmt anderen einen Teil ihrer Identität zugunsten meiner eigenen. Wenn ich aber meine Identität allein aus der Zerstörung oder der von mir erklärten Minderwertigkeit Anderer beziehe, verfehle ich mein eigenes Leben. Denn ich verachte das, was mir Gott selbst an Gaben und Stärken gegeben hat und mache mich von anderen abhängig. Wer Macht ausübt, ist eigentlich selbst völlig verarmt, denn er ist von denen abhängig, über die er diese Macht hat.

Sollte das die Logik Gottes sein? Sollte Gott Macht über uns, über die Welt ausüben, um sich seine Stärke zu beweisen?

Gott ging auch eine zeitlang den Weg, seine Macht zu demonstrieren – nicht um seiner selbst, sondern um der Menschen willen. Denken wir an den Auszug Israels aus Ägypten: Wie Gott Ägyptens Erstgeborene tötete, wie er – wie auch immer – das Rote Meer teilte und die Ägypter vernichtete. Wie er sich auf dem Weg durch die Wüste dem Volk Israel immer wieder machtvoll erwies. Doch Gott scheiterte am Menschen, den er selbst geschaffen hatte. Die Menschen waren durch Gottes Machterweise nicht zum Glauben zu bewegen. So auch heute: Ich glaube den Menschen nicht, die behaupten, Sie würden an Gott glauben, wenn er dieses oder jenes Wunder täte. Ich glaube es nicht. Wer die Augen wirklich aufmacht, kann jeden Tag Wunder erleben. Glaubt deswegen jemand? Denken wir etwa an die Rettung lebender Verschütteter Tage nach einem Erdbeben. „Wie durch ein Wunder" – und? Spätestens bei der Wettervorhersage ist diese Nachricht wieder vergessen.

Wie kann das passieren? Hat Gott einen Fehler gemacht, als er die Menschen schuf?

Gott schuf die Erde und das Weltall – wie auch immer. Hier ist nicht der Ort, Naturwissenschaften gegen die Schöpfungsgeschichte auszuspielen. Aber der Mensch ist das einzige Wesen, das über den Sinn seiner Existenz nachdenken kann. Wenn Gott uns also nun geschaffen hat oder uns bewusst so hat werden lassen, dann aus dem einen Grund: Er wollte Wesen schaffen, die ihm gleich waren, also nach seinem Bild geschaffen sind. Seine Liebe zu uns als Krone der Schöpfung war nicht vereinbar mit dem Streben nach und Ausüben von Macht.

Liebe zu jemandem bedeutet, ihn loszulassen, ihm Freiheiten zu geben. Gott hat den Menschen die größte Liebe und die größte Freiheit gegeben, die es gibt: Die Freiheit, sich für oder gegen ihn und seinen Weg zu entscheiden. Gott wollte ein Wesen, das seine Liebe erwiderte – wenn wir so wollen, eine zutiefst menschliche Sehnsucht. Doch das ging schief – warum auch immer. Die Menschheit konnte oder wollte nicht im Vertrauen zu Gott aufwachsen, sondern selbst bestimmen, letztlich selbst Gott sein, wie es auch die berühmte Geschichte vom Turmbau zu Babel eindrücklich bezeugt.

Gottes Weg ist ein anderer. In Jesus Christus zeigte er ihn uns. Alle Wunder, die Jesus tat, verhinderten nicht, dass er ermordet wurde. Er wurde selbst Opfer des Ausübens von Macht. Doch sein Leben zeigt eine andere Logik: die Maßstäbe Gottes. Jesus kam ärmlich als kleines Kind zur Welt, in einem Stall. Unzumutbare Verhältnisse. Und er starb wie ein Vieh, elend, am Kreuz, eine Nummer, einer von vielen hundert, die allein in den Tagen vor dem Passahfest damals ihr Leben lassen mussten. Er selbst hat nie über andere Menschen Macht ausgeübt.

Die Auferstehung, wie immer sie genau geschehen sein mag, zeigt uns die Frucht des Machtverzichts: die Überwindung des Leides. Darin ist er uns vorangegangen, darin ist er uns Vorbild, denn Er selbst ist der Weg.

Wo bewusst Macht ausgeübt wird, hat derjenige Angst, der es tut. Angst vor denen, über die er die Macht hat. Dem liegt das Misstrauen zugrunde, die anderen könnten andernfalls über einen selbst Macht ausüben.

Gott hat das nicht nötig. Er selbst ist die Fleisch und Geist gewordene Liebe. Er kann daher keine Macht in unserem weltlichen Sinn ausüben, sonst würde er selbst unglaubwürdig und sich selbst verleugnen – nicht über uns, nicht über das Leid, das zu dieser gefallenen Schöpfung gehört.

So liegt es paradoxerweise letztlich an seiner Liebe zu uns, dass wir leiden oder Leid erfahren müssen. Diese Liebe zu uns, diese Freiheit des Lebens, die er uns zubilligt, sind ihm so viel wert, dass er eben – zumindest im Regelfall – nicht eingreift, keine Macht ausübt. Damit würde er die Menschen übrigens auch aus ihrer Verantwortung für ihr eigenes Leben und das ihrer Mitmenschen entlassen und uns damit entmündigen.

Was also tun?

Wir sollten versuchen, Gottes Gedankengänge zumindest im Nachhinein zu verstehen. Er ist kein Versandhaus, das Gebet kein Bestellschein. Und jedes Leid, das uns trifft, ist immer auch die Chance zu einem Neubeginn. Es ist letztlich an uns, im Vertrauen auf seine Hilfe der Ohnmacht ihren Sinn zu geben. Der Weg der Macht führt in die Kälte, in den Tod. Der Weg Gottes führt wohl durch Täler, aber wir sollen und dürfen daran reifen. Auf unsere kleinen und größeren Karfreitage im Leben folgen auch immer wieder kleinere und größere

Auferstehungen – die wir oft nicht mehr wahrnehmen, weil wir durch das Leid mit Blindheit geschlagen sind. Ich habe selbst innerhalb weniger Jahre vier Familienangehörige durch Krankheit verloren, zwei davon – meine Eltern – bereits vor Jahrzehnten. Und ich weiß, wie sich die vermeintliche Sinnlosigkeit, die innere Leere anfühlt. Aber ich habe erfahren dürfen, dass Gott auch wieder Ostern schenkt, dass auch das schwerste Leid einen Sinn erfahren kann, wenn man Gott die Vollmacht zutraut, das Böse mit dem Guten zu überwinden.

Und so sind wir von der Macht zur Vollmacht, zur geistlichen, von Gott kommenden Autorisierung, Gutes zu tun, gelangt. Die absolute Vollmacht ist Gottes Allmacht. Sie ist nicht die totalitäre Macht, sondern deren Gegenteil: Die Liebe, die alles Leid überwindet und überwinden hilft. Unser Glaube, unsere geistliche Vollmacht reicht immer nur so weit wie unsere Fähigkeit, das Böse mit Gutem zu überwinden. Das ist ein harter Weg, und viele Jünger haben Jesus damals wegen ähnlicher Worte verlassen.

Natürlich lässt sich auf unserer Welt das Ausüben von Macht nicht abschaffen – das wäre gleichbedeutend damit, das Paradies auf Erden errichten zu wollen. Spätestens morgen vor meinen Klassen werde ich an diese Realität erinnert werden. Aber wir können uns darauf besinnen, dass wir von der Macht über andere nicht abhängig werden, dass wir sie nicht brauchen oder benutzen.

Uns bleibt nur, die Liebe Gottes und das Vertrauen, das Gott in uns setzt, zu erwidern. Es tut gut zu wissen, dass trotz aller Zweifel, die wir an Gott haben, Gott nicht an uns zweifelt. Egal, ob wir an ihn glauben oder nicht: Er glaubt an uns.

Wer überwindet, dem soll kein Leid geschehen von dem zweiten Tode, spricht Jesus in der Offenbarung[4]. Gott schenke uns Kraft und Mut dazu, die Wege der Macht zu verlassen und seinen Weg der Ohnmacht und der Liebe zu gehen – es zumindest immer wieder zu versuchen.

Meine Gedanken sind nicht eure Gedanken und meine Wege nicht eure Wege, spricht der Herr[5]. Eigentlich schade. Vielleicht können wir es trotzdem ein klein wenig ändern, wenn wir versuchen, Gott Stückchen für Stückchen zu begreifen und auch dann nicht an seiner Liebe zu zweifeln, wenn das Leben mal wieder nicht so geht, wie wir es uns auf unseren Gebets-Bestellscheinen eingebildet

[4] Offenbarung 2,11
[5] Jesaja 55,8

haben. Denn er hat über uns nicht die Gedanken des Leides, sondern Gedanken des Friedens[6].

Und so schenke uns Gott diesen Frieden in unser Herz. Er segne und erfülle uns mit seiner Liebe und der Fähigkeit, selbst wahrhaft lieben zu können. Möge uns diese Kraft der liebe über unsere persönlichen Karfreitage hinweg retten in immer neue Auferstehungen.

Und so segne uns der dreieinige Gott, der Vater, der Sohn und der Heilige Geist.

Friede sei mit euch!

---

[6] Jeremia 29,11

Karfreitag

Es ist wieder einmal soweit: Die Christenheit gedenkt am heutigen Karfreitag des gewaltsamen Todes Jesu Christi. Manchmal hört man sogar die – falsche! – Behauptung, der Karfreitag sei der höchste Feiertag zumindest der evangelischen Christenheit. Viele Menschen meiden jedoch die bedrückende Stille dieses Tages, pfeifen sich lieber tonnenweise die Morde rein, die uns das Fernsehen frei Haus liefert – gerade an den christlichen Feiertagen. Ja, Paulus hat recht, wenn er schreibt, die Botschaft vom Kreuz sei ein Ärgernis. Sie war es damals und sie ist es heute.

Was ist nur los mit diesem Karfreitag? Mit kaum einem anderen Feiertag ihres Glaubens haben Christen so viele Probleme wie mit diesem Karfreitag. Und da befinden sie sich in bester Gesellschaft, denn auch die Theologen haben so ihre liebe Not mit dem Sinn dieses Gewaltaktes von Golgatha. War es nun wirklich ein Opfer? Forderte Gott wirklich Blut, um seinen Zorn zu stillen? Sind wir wirklich so schlecht, dass Gottes Sohn unsretwegen sterben musste? Handelte Gott nicht wie ein raffinierter Werbestratege, der uns mit dem Karfreitag unsere Erlösungsbedürftigkeit einredete, um uns dann auch die Erlösung selbst anzubieten – sozusagen Service aus einer Hand?

Ich bin so unbescheiden zu behaupten, dass ich von Gott soviel erfahren und erlebt habe, dass ich mit Sicherheit sagen kann, dass Gott keinen Tod jemals forderte. Was aber ist denn nun das Geheimnis des Karfreitags?

Ein Gleichnis Jesu bringt uns auf die richtige Spur:

> Hört ein anderes Gleichnis: Es war ein Hausherr, der pflanzte einen Weinberg und zog einen Zaun darum und grub eine Kelter darin und baute einen Turm und verpachtete ihn an Weingärtner und ging außer Landes. Als nun die Zeit der Früchte herbeikam, sandte er seine Knechte zu den Weingärtnern, damit sie seine Früchte holten. Da nahmen die Weingärtner seine Knechte: den einen schlugen sie, den zweiten töteten sie, den dritten steinigten sie. Abermals sandte er andere Knechte, mehr als das erste Mal; und sie taten mit ihnen dasselbe. Zuletzt aber sandte er seinen Sohn zu ihnen und sagte sich: Sie werden sich vor meinem Sohn scheuen. Als aber die Weingärtner den Sohn sahen, sprachen sie zueinander: Das ist der Erbe; kommt, lasst uns ihn töten und sein Erbgut an uns bringen! Und sie nahmen ihn und stießen ihn zum Weinberg hinaus und töteten ihn. *(Matthäus 24, 33-39)*

Keine Rede davon, dass Gott den Tod seines Sohnes forderte, um den Weingärtnern vergeben zu können. Es war bis zuletzt deren freie Entscheidung so zu verfahren.

Gott hatte seinem Volk über Jahrhunderte seine Knechte, namentlich die Propheten, gesandt, um es zu einem gottgefälligen Lebenswandel zu erziehen – erfolglos. Zuletzt sandte er seinen Sohn, der buchstäblich schonungslos Gutes wirkte. Doch das hielten die Menschen nicht aus.

Hier ist es mir wichtig zu bemerken, dass wir uns heute kein bisschen von der Niedertracht der Menschen von vor zwei Jahrtausenden entfernt haben. Die Medien leben von kaum etwas anderem als den schlechten Nachrichten. Je mehr Tote und Verletzte, desto höher die Einschaltquote – so einfach ist das. Und kaum etwas ist so Quoten und Auflagen fördernd wie das Entdecken von kapitalem Fehlverhalten bei „Lichtgestalten". Eine ganze Industrie widmet sich nichts anderem als dem Triumph, einem vermeintlich integren Menschen nachweisen zu können, dass auch er Dreck am Stecken habe. Nein, liebe Gemeinde, auch ein sündloser Mensch wie Jesus Christus hätte dieser gut geölten niederträchtigen Maschinerie genug Angriffsfläche geboten – nur, dass sein Ende heute vielleicht nicht am Kreuz, sondern durch einen heimtückischen Mord oder zumindest durch mediale Vernichtung bewirkt worden wäre.

Sehen wir noch einmal auf das Gleichnis. Der Herr des Weinbergs glaubte bis zuletzt an das Gute in den Weingärtnern, daran, dass diese vor der letzten, größten Autorität doch noch Respekt hätten. Doch es kam anders: Gottes letztes Vertrauen in die Menschen wurde herb enttäuscht. Nun kam eben Gott nicht wie ein netter Onkel und sagte: Macht nichts, kein Problem, alles vergeben und vergessen. Denn es geht hier nicht um eine versehentlich zerbrochene Vase oder ein zerkratztes Auto. Es geht darum, dass Menschen sich ganz bewusst gegen das Gute, gegen das Heil, gegen Gott entschieden haben. Es dabei großzügig zu belassen, hätte Gott überflüssig gemacht, ja geradezu zu einem albernen „Religions-Kasper" degradiert. Gott als Personifizierung von Gerechtigkeit wäre dann eine lächerliche Farce geworden. Aber nicht nur das: Die Menschen hätten keinerlei Chance mehr gehabt, doch noch Heil zu erlangen. „Ihr gedachtet es böse mit mir zu machen, doch Gott gedachte, es gut zu machen" – diese Aussage des Joseph gegenüber seinen Brüdern[7] steht für eine grundsätzliche

---

[7] 1. Mose 50, 20.

Eigenschaft Gottes. Gott wusste, dass er nun würde handeln müssen, um die Menschen vor ihrer Selbst-Verfluchung zu retten. Die Auferstehung zeigt uns, dass es eben nicht Gottes Wille war, die Menschheit dort zu lassen, wo sie offensichtlich sein wollte. Die Auferstehung zeigt den Sieg des Gottes, der das Leben, das Gute und das Heile möchte.

Aber waren oder sind denn wirklich alle Menschen so schlecht, dass sie das Böse wollen und das Gute nicht ertragen können? Was war mit Jesu Jüngern, was mit den Frauen, die ihm nachgefolgt sind, sogar bis unter das Kreuz?

Hier müssen wir aufpassen, denn nun wird die Sache heikel. Der Anlass für die Auferstehung war natürlich der Mord an Jesus; die Wirkung, die Gott damit verband, ging jedoch weit darüber hinaus. Nicht nur die großen „Todsünden" sind mit Jesus gekreuzigt, sondern auch die kleinen, die zufälligen, die unbewussten, die gut gemeinten. Es sind die ungesagten Worte der Liebe, die unbedachten Worte, die Andere verletzt haben, es ist die Schuld, die nur deshalb besteht, weil jemand zur falschen Zeit am falschen Ort war. Trifft den Autofahrer wirklich Schuld, der trotz vorsichtiger Fahrweise ein Kind überrollt hat, das plötzlich zwischen zwei parkenden Autos auf die Straße gerannt ist? Objektiv wohl nein. Aber sagen Sie das mal dem Autofahrer! Wenn er nur ein einigermaßen sensibler Mensch ist, macht er sich sein Leben lang Vorwürfe, trägt lebenslang an dieser Schuld, die nur darin besteht, dass nun einmal *er* am Steuer saß. Oder nehmen wir den an sich gewissenhaften Arzt, dem bei einer Operation einfach ein Fehler passiert – vielleicht nach fünfzig Stunden Dauerdienst. Der weiß, dass ihm das normalerweise nicht passiert wäre, der aber nun mit den schrecklichen Folgen leben muss. Alles, was nicht göttlich, sondern menschlich ist, ist eben nicht im Sinne Gottes perfekt, sondern unheil. Das erkennt man schon oft alleine daran, dass man vielfach gar nicht weiß, was in welcher Situation wirklich „gut" ist, wenn nur die Wahl zwischen Pest und Cholera bleibt.

Und ein Letztes muss noch erwähnt werden – etwas, das der große Psychologe Horst Eberhard Richter den „Gotteskomplex" genannt hat: Die Sehnsucht des Menschen, sich die Welt und das Schicksal untertan zu machen, mithin also selbst Gott gleich zu werden. Man könnte es auch so sagen: Menschen, gerade die „Erwachsenen" können es nicht ertragen, abhängig zu sein. Doch was ist Glaube anderes als die freiwillige Abhängigkeit von Gott?

Kinder haben kein Problem mit Abhängigkeit, denn sie sind abhängig und nicht zuletzt durch diese Abhängigkeit auch geschützt. Deswegen ermahnt uns Jesus ja zu kindlichem Vertrauen!

Der Lohn der Sünde ist der Tod, schreibt Paulus.[8] Hier geht es wohlgemerkt nicht um jede noch so kleine Verfehlung, sondern Sünde steht hier synonym für alles, was uns von Gott trennt, und das ist letztlich unser ganzes Menschsein, nämlich das Dilemma zwischen unserer Unfähigkeit, unsere Freiheit *ohne Gott* wirklich mit Verantwortung zu gestalten, und dem Stolz, der uns hindert, dies *mit Gott* zu tun. Und so hängen am Kreuz Jesu nicht nur all die großen und kleinen Fehler, all die bewusste und die unbewusste Schuld von uns Menschen – den damaligen wie den heutigen –, sondern letztlich hängt dort die Tragik des Menschseins per se. Das einzige, was wir tun müssen, ist diesen Freispruch Gottes anzunehmen, diese ausgestreckte Hand des Allerhöchsten zu ergreifen, uns in seine liebevollen Arme fallen zu lassen. Es kostet uns nichts mehr – außer Überwindung: die Überwindung des eigenen Stolzes. Doch ohne die wird es keine Erlösung geben.

Wer die Gnade nicht will, muss leider gnadenlos leben. Gott zwingt niemanden dazu, erlöst zu werden.

Schade vielleicht, aber konsequent und – um ein Modewort zu verwenden – alternativlos. Gottes Gnade steht allen Menschen offen – bis zuletzt. Wer sie nicht möchte, muss letztlich womöglich mit seiner endgültigen Verdammnis leben. Das ist dann aber nicht die Schuld eines rachsüchtigen Gottes, sondern Folge des Respekts Gottes vor der Freiheit und Verantwortung des Menschen. Auch wenn das bitter klingt.

Wir haben die Wahl.

---

[8] Römer 6, 23.

Ostern: Glauben heißt nicht wissen…

Diese und die nachfolgenden Osterpredigten wurden in Osternächten meines Konvents bzw. des Nürnberger Philippus-Ordens gehalten. Im Rahmen dieser Gottesdienste gab und gibt es traditionell eine Auferstehungsfeier, in welcher Christi Auferstehung unmittelbar spürbar wird. Auf diese Feier wird in den Predigten immer wieder Bezug genommen.

Neulich auf der Autobahn. Plötzlich Stau. Nach einigen Minuten Stop-and-go stellte ich fest, dass die ganz Ursache für diese Verkehrsbehinderung eine Mutter war, deren Wagen auf dem Seitenstreifen stand, weil ihre kleine Tochter daneben im Gras mal Pipi musste. Mit gebotener Vorsicht war das Fahrverhalten der Leute aber nicht mehr zu erklären. Sie wollten ganz genau im Detail wissen, was da los war. Und als man vorbei war, ging der Verkehr wieder flüssig, als wäre nie etwas gewesen. Oder, vor einiger Zeit, aus ähnlicher Ursache ein Stau. Auf der Gegenfahrbahn war ein Unfall, Polizei und Rettungsfahrzeuge waren schon von weitem deutlich sichtbar vor Ort. Trotzdem war auf der „unbeteiligten" Fahrbahn Stau. Alle wollten sehen und gucken, „Allmächt, um Himmels willen" sagen und dann gut informiert weiterfahren. Dass solches Verhalten gefährlich ist und schon Unfälle verursacht hat – wen kümmert's? Hauptsache, wir wissen es!

Dasselbe passiert bei Unglücken oder Katastrophen. Schlimmer als das Unglück selbst sind oft die Folgen der Behinderung der Rettungsarbeiten durch Schaulustige. Wir wollen's wissen, dabei gewesen sein. Dabeisein ist bekanntlich alles.

Wir leben in einer Informationsgesellschaft und das Gerede vom lebenslangen Lernen gellt uns aus allen Richtungen in die Ohren. Während man früher wenigstens noch lediglich wissen musste, wo etwas steht, muss man heute aus dem vielen Informationsmüll, den einem die Suchmaschinen des Internets liefern, die für sich selbst relevanten Informationen heraussuchen. Aber auch aus den Medien werden wir mit Informationen bombardiert: Busunglück in Nepal, Erdbeben in Nordchile, Mordanschlag auf einen Mafia-Richter in Sizilien. Oder: Was treibt dieser Kerl im Haus von Steffi Graf und Andre Agassi? Neue

Gerüchte um Königin Silvia: Uneheliches Kind mit ihrem Jugendfreund? Neue Enthüllungen aus dem britischen Königshaus: Camillas beste Freundin packt aus!

Natürlich betrifft uns das alles meistens nicht im Geringsten. Trotzdem wollen wir es offensichtlich hören, denn sonst würden Nachrichtenredaktionen von Funk, Fernsehen, Zeitungen und Zeitschriften solche Ereignisse gar nicht aufgreifen – oder, je nach Seriosität, solche Gerüchte in die Welt setzen. Doch wie sagte vor einiger Zeit ein bekannter Nachrichtenredakteur des deutschen Fernsehens so ironisch: „Neugierig sind wir ja nicht, aber wissen täten wir's schon ganz gern." Wahrscheinlich ist es mit solchen Meldungen so wie mit dem Horoskop: Eigentlich lesen mag es von uns ja keiner so richtig, aber wenn's eh schon drinsteht, kann man ja auch mal einen Blick reinwerfen...

www – die Abkürzung für „World wide web", wurde schon mehrfach verballhornt. Wer schon mal lange auf Internetseiten warten musste, spricht gern vom „world wide wait", dem weltweiten Warten. Eine Wissenschaftssendung einer privaten Fernsehanstalt hat die Abkürzung verwendet für www = „wir wollen's wissen". Und das ist typisch für uns Menschen. Nicht nur skurrile Antworten auf überflüssige Fragen. Was treibt uns dazu, Milliarden für immer größere Anlagen zu investieren, in denen Atome in ihre kleinsten Bausteine zertrümmert werden? Was treibt uns dazu, ähnliche Summen dafür herzunehmen, um irgendwelche Roboter auf den Mars zu schicken, nur weil dort vielleicht ein paar Bakterien leben? Die kriegen wir aus dem Klo billiger!

Wir Menschen sind eben unheilbar neugierig. Obwohl natürlich nicht alle Menschen sich gleichermaßen für Higgs-Bosonen, Quarks und Gravitonen interessieren, lässt sich diese Grundtendenz bei fast allen Menschen feststellen: Wir wollen's wissen und suchen nach Erklärungen, so sinnvoll oder, sagen wir mal, esoterisch sie sein mögen. Ursprünglich und eigentlich wollten wir wissen, woher wir kommen, wohin wir gehen und wer wir sind. Diese Fragen sind aber zu schwierig für den Alltag, und so suchen wir unser Heil in anderen Informationen – nämlich solchen, die wir kriegen können. Wenn mich zum Beispiel jemand so locker fragt, wie denn bei mir so die Aktien stehen, kann es durchaus sein, dass meine Antwort in etwa so lautet:

Altana plus 3,5 %, Nokia nach einer unerwarteten Gewinnwarnung – 2,7 %, Telekom ziehen nach mit -1,3 %. Der DAX bewegt sich zu Börsenschluss nach ruhigem Handel um die 4000er-Marke. Der Rentenmarkt tendiert insgesamt freundlich, die Umlaufrendite konnte um vier Hundertstel zulegen, ebenso die US-Bonds. Der Euro bewegt sich derzeit mit 1,2130 US-$ auf einem neuen Jahrestief.

Nicht dass ich irgendeine Ahnung davon hätte, was das alles bedeutet, aber immerhin: ich weiß es! Ich weiß zwar nicht, wozu, aber: Ich weiß es!!

Das Problem am Wissen ist, dass es immer fast wie eine Sucht wirkt: Wissen erzeugt neue Fragen, neue Fragen wollen beantwortet werden, neue Antworten erzeugen neue, oft schwierigere Fragen. So wird es schon aus grundsätzlichen Erwägungen heraus nie einen Abschluss all des menschlichen Fragens und Forschens geben: Das Wissen-Wollen ist ein menschliches Grundbedürfnis und sozusagen Selbstzweck.

Wenn man etwas noch nicht sicher weiß, spricht man oft davon, dass man etwas „glaubt"; wie schon das Sprichwort sagt: Glauben heißt: nicht wissen – wobei noch zu überlegen wäre, wo genau nun der Doppelpunkt sitzt.

Kann es beim Glauben deswegen keine Gewissheit geben? Jetzt wird es heikel. Glaube heißt ja deswegen Glaube, weil es hier eben ums Glauben geht und nicht um das Wissen. Viele Leute, die in aller Inbrunst vorgeben, glauben zu wollen, es aber nicht zu können, wollen in Wahrheit gar nicht glauben, sondern wissen. Wollen also ihren Glauben sozusagen wetterfest machen, unangreifbar, zu einer ehernen Gewissheit. Gewissheit – schon wieder dieses Wissen...

Das kann nicht funktionieren. Ich habe es etliche Male erlebt, wie Menschen Zeugen übernatürlicher, geistlicher Erlebnisse wurden. Ob durch Zusprüche wie vom Blitz getroffen, durch Engelserscheinungen berührt, von göttlichem Segen wie einer flammenden Wärme durchtränkt – Menschen geloben feierlich das Blaue vom Himmel herunter, haben jetzt endlich ihre Gewissheit, dass es Gott gibt oder was weiß ich sonst. Stunden oder Tage später – morgen früh zum Beispiel! – ist alles nur Einbildung gewesen, geschickte Manipulation, Gefühlsduselei, Zufall oder bestenfalls ein Traum, irgendwie unwirklich. Hier steht das Wissen-Wollen gegen das Glauben-Wollen.

Nein, es ist nicht – oder zumindest ziemlich selten – Gottes Schuld, wenn jemand nicht glauben kann. Es sind oft falsche Erwartungen an Gott, an den Glauben, oder falsche Vorstellungen. Gerade bezüglich der Passion Christi sind haarsträubende Vorurteile gegen Gott im Umlauf. Wie oft habe ich schon gehört, dass Leute an keinen Gott glauben können, der so grausam ist, den Tod seines Sohnes zu fordern. Abgesehen davon, dass dieser Einwand in den meisten Fällen mit dem Hinweis erledigt ist, dass ja nicht Gott Jesus umgebracht und dieses auch nicht von den Menschen verlangt hat, ist da die Reihenfolge des Kennenlernens immer etwas komisch. Stellt euch vor, jemand, den ihr kürzlich kennen gelernt habt, kommt euch besuchen. Gleich nach dem Händedruck stürmt er oder sie dann zielsicher in Euer Schlafzimmer, zieht die Nachttischschublade auf und ruft völlig entsetzt: „Bitte sagt mir mal, was diese Schweinereien mit Liebe zu tun haben! Euren Kuchen mag ich jetzt nicht essen, bis ihr mir erklärt habt, warum ihr solche Sachen macht!“ Ich will jetzt das Mysterium Christi nicht mit Schlafzimmergeheimnissen gleichsetzen; da sind doch wohl ein paar Dimensionen dazwischen. Aber wenn sich jemand für den Glauben interessiert, sollte man bei den Wirkungen des Glaubens anfangen und nicht bei dem größten Geheimnis, der Passion und Auferstehung Jesu, das sogar die „Eingeweihtesten“ nicht wirklich völlig begreifen können.

Der Wahrheitsgehalt des christlichen Glaubens ist nicht beweisbar, nur erfahrbar. Und so hat Glauben in erster Linie mit Vertrauen zu tun: nicht nur dem Gottvertrauen, sondern mit dem Vertrauen in unsere Sinne, die die Auferstehung nicht als beweisbares Geschehen, aber doch als Wahrheit wahrnehmen. Wer seiner Intuition nicht traut, seinen Gefühlen, seinen Entscheidungen nicht vertraut, der hat kein Problem mit *Gott*, sondern mit *sich*. Denn Gott hat uns all diese anderen Wahrnehmungswege nicht gegeben, um deren Erkenntnisse immer wieder vom Verstand kontrollieren zu lassen. Oder, anders ausgedrückt: Für jeden Zweck der richtige Sinn. *Glaube ist kein chemisches Experiment. Glaube ist sinnliches Geschehen.*

Und dennoch: Jetzt stehen wir noch ganz unter dem Eindruck der Auferstehungsfeier – völlig gleichgültig, ob und wie stark wir die Auferstehung an uns und in uns gespürt haben. Wenn jemand nichts gespürt hat, so lasse er oder sie sich einfach anstecken von der ungeheuchelten Freude der anderen, ohne sich selbst für unzureichend zu halten. Aber was ist, wenn in ein paar Stunden die Sonne vielleicht nur hinter dicken Wolken aufgeht, die Schwiegermutter überraschend ihren Besuch ankündigt oder die Kinder das Essen wieder rauskotzen? Der Alltag hat uns sehr schnell wieder, und die österliche Freude wird nur allzu schnell wieder erstickt von den Dornen des

Lebens. Doch halt! Gott lässt uns nicht allein. So wie wir auch in unserem normalem Leben viele persönliche Karfreitage erlebt haben und erleben werden – wenn z.B. ein Traum sich zerschlagen hat oder ein Unglück passiert ist –, so gibt es doch auch immer wieder kleine Auferstehungen: kleine, oft unscheinbare, unverhoffte Freuden, die uns immer wieder an jene große österliche Freude erinnern sollen, die im normalen Alltagsleben oft nur im Verborgenen glüht. Wenn wir diese erleben und erkennen, dann wissen wir, was wir glauben.

Diese kleinen Freuden immer wieder erleben und auch genießen zu dürfen, das schenke uns der dreieinige Gott!

Haben wir einen „Stein vor der Tür“?

Und als der Sabbat vergangen war, kauften Maria von Magdala und Maria, die Mutter des Jakobus, und Salome wohlriechende Öle, um hinzugehen und ihn zu salben. Und sie kamen zum Grab am ersten Tag der Woche, sehr früh, als die Sonne aufging. Und sie sprachen untereinander: Wer wälzt uns den Stein von des Grabes Tür? Und sie sahen hin und wurden gewahr, dass der Stein weggewälzt war; denn er war sehr groß. Und sie gingen hinein in das Grab und sahen einen Jüngling zur rechten Hand sitzen, der hatte ein langes weißes Gewand an, und sie entsetzten sich. Er aber sprach zu ihnen: Entsetzt euch nicht! Ihr sucht Jesus von Nazareth, den Gekreuzigten. Er ist auferstanden, er ist nicht hier. Siehe da die Stätte, wo sie ihn hinlegten. Geht aber hin und sagt seinen Jüngern und Petrus, dass er vor euch hingehen wird nach Galiläa; dort werdet ihr ihn sehen, wie er euch gesagt hat. *(Markus 10, 1-8)*

Ich möchte meine heutige Predigt mit einem kleinen Witz beginnen, der nicht von mir stammt und deswegen vielleicht den einen oder anderen schon bekannt ist.

Ausgrabungen in Jerusalem. Archäologen suchen nach dem Grab Jesu. Plötzlich werden aus unbekanntem Grund die Arbeiten eingestellt und eine kleine Delegation der Wissenschaftler reist in streng geheimer Mission nach Rom. Dort angekommen, berichten sie der Glaubenskongregation von einem ernsthaften Problem. Es entspinnt sich etwa folgender Dialog:

„Exzellenz, wir haben das Grab Jesu gefunden.“

„Sicher?“

„Ganz sicher. Es besteht kein Zweifel. Inschriften und die Datierungen lassen keine andere Schlussfolgerung zu.“

„Na, das ist doch ein toller Fortschritt. Gratuliere! Das werden wir sofort Seiner Heiligkeit und danach der Öffentlichkeit präsentieren.“

„Exzellenz, da gibt es nur noch ein kleines Problem…“

„Das wäre?“

„Das Grab Jesu war nicht leer…“

Stille. Der Vorsitzende der Glaubenskongregation wird aschfahl im Gesicht und stammelt die Worte: „Dann hat ER am Ende doch *wirklich* gelebt…“

Das Grab Jesu kann ein Bild sein für unser Grab – das Grab in uns selbst, in dem begraben ist, was uns ausmacht. Lasst Euch nun mitnehmen auf den Weg, den die Frauen am Ostermorgen gegangen sind, und ihn als Bild für unser Leben nehmen.

Das ist der Ausgangszustand: Jesus ist beerdigt; ein schwerer und bewachter Stein liegt vor der Tür und verhindert den Zugang.

Wie oft geht es uns oder vielen anderen Menschen nicht auch so: Wir finden keinen Zugang zu Gott, kommen im Glauben nur bis zu einem bestimmten Punkt und nicht weiter. In unserem Innersten liegt all das begraben, was uns eigentlich ausmacht: Unsere Gaben, unsere Träume, unsere Wünsche und Ziele; begrabene Hoffungen.

Doch da ist dieser riesengroße Stein, der uns den Zugang zu uns selbst versperrt. Wer hat ihn da hin gerollt? Unsere Erziehung vielleicht, aber auch Menschen, Erlebnisse und Erfahrungen, die uns geprägt haben. *Man* tut, *man* soll, *man* kann, *man* darf – oder eben auch nicht; du *sollst*, du *musst* … Immer gibt es Menschen, die besser als wir wissen, was zu uns passt, wer wir sind, was wir tun sollen usw. Von diesen wird dieser Stein vor unserem Ich denn auch bewacht: Wehe, du versuchst, zu Dir selbst zu kommen: Da könnte die vertraute, aber tote Sicherheit wegbrechen, könnten Menschen uns verlassen, könnten – ja, dann könnten wir unter Umständen unser Leben selbst in die Hand nehmen und selbst verantworten müssen! Steine vor unseren Zugängen zu uns selbst sind aber nicht immer nur hinderlich, manchmal sind sie auch willkommen und praktisch – sie entledigen uns unserer Verantwortung.

Die Frauen brechen auf zum Grab: „Wer wälzt uns den Stein weg?“

Diese Frage steht im Raum. Sie gestehen sich ihre Schwachheit ein. Sie wissen, dass sie den Zugang nicht alleine frei bekommen. Sie benötigen Hilfe, aber sie vertrauen auch darauf, diese zu bekommen.

Der Tod Jesu war ein schwerer Schlag für die Jüngerinnen und Jünger. Verlassen von allen Hoffnungen, waren sie nur noch ein Häuflein Elend – eine verschüchterte kleine Herde. Die Frauen wollen Jesus wenigstens noch einen letzten Liebesdienst erweisen. Sie haben zu Jesu Lebzeiten seine göttliche Liebe erfahren und wollen ihm jetzt mit ihren Möglichkeiten ein Stück dieser Liebe zurückgeben. Die Liebe treibt sie wider alle Vernunft zum Ort des Gedenkens. *Doch der Stein ist bereits weggerollt – das Problem ist plötzlich keines mehr!*

Um wieder zu unserem Vergleich zurück zu kommen: Die Liebe kann Berge versetzen – und eben auch Steine wegrollen. Auch die Steine von unserem

Herzen. Die Frauen machen sich aus Liebe auf zum Grab – und Gottes Liebe antwortet mit der Beseitigung des wesentlichen Hindernisses. Wir dürfen das heute als Ermutigung und als Zeugnis nehmen: Wenn uns die Liebe treibt, eben auch uns gerade die Liebe zu Gott und zu uns selbst, räumt Gott die Hindernisse aus dem Weg.

Aber genau da liegt der Haken.

Ich habe schon manche Menschen erlebt, die daran fast verzweifelt sind, dass sie geliebt werden. Sie konnten und können es nicht begreifen, dass Liebe keinen Grund hat, ja gar keinen Grund haben darf. Wenn ich z.B. sage: Ich liebe dich wegen deiner strahlend blauen Augen oder wegen deiner schönen Haare, ist das dann Liebe? Spätestens dann, wenn die fortschreitende Gehirnbleiche die letzten Haare eliminiert oder sich die verführerischen blauen Augen als gefärbte Kontaktlinsen herausstellen, ist die Liebe wohl aus und vorbei? Das Schöne an echter Liebe ist, dass sie keinen Grund braucht. Solch eine Liebe ist die Liebe Gottes zu uns. Gott hat keinen Grund, uns zu lieben. Aber er tut es trotzdem. Das Tolle daran ist, dass diese Liebe, die keinen Grund hat und an keine Bedingungen geknüpft ist, auch durch nichts zerstört werden kann (vgl. Römer 8, 38.39 und 1.Kor. 13, 31). Solche Liebe hält Einen nicht in Abhängigkeit, in Unmündigkeit, sondern befreit – zu einem Leben, das Einen befähigt, das Böse mit Gutem zu überwinden und in glaubensvoller Selbstverantwortung das Leben zu führen.

Rechnen wir aber nun wirklich damit, dass Gott uns hilft, den Stein vor unserem Herzen wegzuräumen, oder machen wir uns erst gar nicht auf den Weg, denn wir wissen ja schon vorher, dass wir den Stein nicht wegschaffen können?

Das Wundersame ist, dass das offene Grab die Frauen nicht weiter bringt. Das Grab ist zwar leer, aber es ist eine Sackgasse. Doch war der Weg in das Grab nicht sinnlos, denn hier erfahren die Frauen die buchstäblich erlösende Botschaft: „Was suchet ihr den Lebenden bei den Toten?“

Ist das nicht auch oft genug unser Problem: Wir suchen das Leben im Tod, wir suchen das Neue im Alten, das völlig Andere im Altbekannten. Das kann nicht funktionieren. Nicht im Leben („Wenn du nur immer das tust, was du schon immer getan hast, wirst du auch immer nur das bekommen, was du immer schon bekommen hast!“) und auch nicht im Glauben!

Da sind die Männer, die sich darüber beschweren, dass sie immer nur an verheiratete Frauen mit Kindern geraten. Da sind die Frauen, die immer nur an gefühllose, unromantische oder untreue Männer geraten. Da sind so viele andere Situationen, die immer wieder gleich ablaufen, und man fragt sich: wieso? *Weil wir immer wieder etwas Neues versuchen, ohne wirklich etwas Neues haben zu wollen.* Selbst wenn der Stein vor des Grabes Eingang weggewälzt ist, kommen wir noch nicht weiter. Aber es kommt die Erkenntnis: *Dreh dich um!* Das Ziel, das du im Grab bei deinem Alten, Bekannten und Vertrauten gesucht hast, steht in Wahrheit längst woanders – aber es erfordert buchstäblich eine Umkehr, ein Umdenken, eine Verhaltensänderung, dieses Ziel zu sehen!

Wie ist es mit unseren bekannten und vertrauten Bildern? Sind Begriffe wie Christus, Buße, Erlösung, Kirche, Geistlicher, Gottesdienst, Ehe, Familie, Mann- bzw. Frau-Sein usw. schon so fest mit alten, negativen Assoziationen, Bildern, Erfahrungen und Erinnerungen besetzt, dass wir „einen Stein davor haben“? Wie viele Chancen haben wir nicht schon vertan, weil wir „nicht so werden wollen wie …“? Frei nach dem Motto: Meine Eltern haben eine schlechte Ehe geführt, also heirate ich lieber gar nicht?

Eine Kleinigkeit noch: Maria erkennt den auferstandenen Jesus erst, als er ihren Namen nennt. Ich denke da sofort an die Stelle bei Jesaja, wo es heißt: „Fürchte dich nicht, denn ich habe dich bei deinem Namen gerufen, du bist mein!“ (Jesaja 43, 1) Wie viele Menschen haben nicht schon Osterfeiern erlebt und blieben davon völlig unberührt – gemäß dem Motto: Liebe Leute, Jesus ist mal wieder von den Toten auferstanden, ihr könnt beruhigt weiterschlafen, es ist nur so wie jedes Jahr? Erkenntnis passiert erst dann, wenn wir merken und zulassen, dass wir selbst wirklich persönlich und direkt gemeint sind. Die Liebe Gottes öffnet uns auch diesen Weg. In dem Moment, wo ich mit allen Sinnen merke: Ich, ja ich bin damit gemeint, mit Ostern – in diesem Moment ist der Weg frei zu einer neuen Zukunft.

Wenn uns die Liebe zu unserem Ziel treibt, dann wird Gott den Stein aus dem Weg räumen. Aber unter Umständen müssen wir umkehren. Es ist wie mit dem bekannten Witz von dem Mann, der nach einer Zechtour nach Hause torkelt und an einer Litfasssäule Halt sucht. Er tastet sich mehrfach um diese herum um murmelt schließlich: „Mist, ich bin eingemauert!“ Als Außenstehende würden wir sagen: Mensch, Bub, lauf doch einfach mal in eine andere Richtung. Aber: Die Litfasssäule gibt Halt – und verhindert gleichzeitig ein Weiterkommen. So ist es vielfach auch im Leben: Oft kreisen wir buchstäblich immer um dasselbe und fühlen uns wie eingemauert. Da bedarf es mitunter anderer Menschen, die uns an der Hand nehmen und uns einen anderen Weg zeigen oder uns einfach in eine andere Richtung weisen. Das eigentliche Ziel steht oft da, wo wir es nicht suchen.

Und der Mensch sieht, was vor Augen ist, Gott aber sieht das Herz an: Die Frauen suchten den toten Jesus, den sie liebten. Ihre Liebe und Gottes Liebe beseitigen den Stein. Aber Gott präsentiert ihnen dann nicht einen toten Jesus, der die Frauen in ihrer Vergangenheit gefangen gehalten hätte. Nein, er präsentiert ihnen einen besseren, einen völlig anderen Jesus: den Lebendigen, der das Grab hinter sich gelassen hat – ein Ziel, von dem sie nie und nimmer zu träumen gewagt hätten, aber das sie doch eigentlich im tiefsten Herzen gesucht haben, ohne es wirklich zu wissen; einen Jesus Christus, der ihnen einen Weg in die Zukunft, in ein neues Leben voller Hoffnung und Perspektive weist.

Aber auch dieser Jesus lässt sich nicht festhalten. „Rühre mich nicht an!“, sagt Jesus zu Maria Magdalena. Sie muss lernen, dass Liebe bedeutet loszulassen, nicht festzuhalten. Hätte Maria Jesus festgehalten, hätten die anderen Jünger nie von Jesu Auferstehung erfahren – und wir am Ende auch nicht.

So ist Gottes Liebe – grenzenlos, bedingungslos, und weit über das hinaus weisend, was wir uns erträumen und vorstellen können. Und nur erlöste Menschen können Andere und sich selbst annehmen und wahrhaftig lieben – und ihren Nächsten wie sich selbst. Nehmen wir diese Erlösung an! – Amen.

Der ungläubige Thomas

Thomas aber, der Zwilling genannt wird, einer der Zwölf, war nicht bei ihnen, als Jesus kam. Da sagten die andern Jünger zu ihm: Wir haben den Herrn gesehen. Er aber sprach zu ihnen: Wenn ich nicht in seinen Händen die Nägelmale sehe und meinen Finger in die Nägelmale lege und meine Hand in seine Seite lege, kann ich's nicht glauben.
Und nach acht Tagen waren seine Jünger abermals drinnen versammelt und Thomas war bei ihnen. Kommt Jesus, als die Türen verschlossen waren, und tritt mitten unter sie und spricht: Friede sei mit euch! Danach spricht er zu Thomas: Reiche deinen Finger her und sieh meine Hände, und reiche deine Hand her und lege sie in meine Seite, und sei nicht ungläubig, sondern gläubig! Thomas antwortete und sprach zu ihm: Mein Herr und mein Gott!
Spricht Jesus zu ihm: Weil du mich gesehen hast, Thomas, darum glaubst du. Selig sind, die nicht sehen und doch glauben! *(Johannes 20, 24-29)*

Immer wieder dieser Thomas – der arme Kerl, der blöderweise nicht dabei war, als Jesus den anderen Jüngern erschienen ist. Er muss sich doch förmlich in den Hintern gebissen haben! Da ist man *einmal* nicht beim Wundenlecken, der gemeinschaftlichen Pflege frustrierter Ratlosigkeit nach dem unrühmlichen Ende seines Herrn dabei, schon verpasst man die Chance seines Lebens. Wir wissen nicht, ob Thomas aus Enttäuschung über das Ende seines Messias grundsätzlich sich aus der Gemeinschaft der Jünger zurückzuziehen vorhatte, oder ob es ein akuter Anlass war, der ihn hinderte.

Eigentlich ist es auch unfair, diesen Thomas andauernd als Prototyp des Ungläubigen hinzustellen, denn schließlich – und das wird gerne übersehen – hat Jesus den beim ersten Mal anwesenden Jüngern sehr wohl ebenfalls seine Nägelmale und seine verwundete Seite gezeigt (Joh. 20, 19.20), und auch diese Jünger glaubten erst dann! Wenn nun Thomas die Berichte seiner Freunde über die Erscheinung Jesu nicht auf Anhieb zu glauben vermochte, dann gibt es keinen Anlass, die anderen Jünger oder gar uns über ihn zu erheben. Wenn Jesus ihm beim zweiten Mal dann nochmal in einer „Extravorstellung" seine Wunden gezeigt hat, dann deswegen, um auch ihn sozusagen auf den gleichen Stand zu bringen wie seine anderen Jünger, gewissermaßen von „Version Karfreitag" auf „Version Ostern" „upzudaten".

Für Thomas waren die Berichte von der Erscheinung Jesu wahrscheinlich zunächst mal so wie für uns die Erzählung von einem wunderbaren Gänsebraten, den wir nicht selber gegessen haben, der uns aber jetzt mal eben sattmachen soll. Oder wie die Aussage gegenüber einem in der Wüste verschmachtenden

Wanderer, hinter der nächsten Düne läge ein Vier-Sterne-Hotel mit Freibier und Pool.

Eigentlich könnte die Predigt hier auch schon wieder zu Ende sein, denn jetzt ist ja alles klar. Thomas war beim ersten Mal nicht da; es gab ein nicht minder überraschendes zweites Mal, wunderbare Gnade Gottes eben – na, schön war's, und alle sind zufrieden und glücklich, und wenn sie nicht gestorben sind...

Doch halt! – denn die Geschichte geht weiter. Wohl sind die Jünger von damals gestorben, angeblich auch schon vor längerer Zeit; Jesus aber lebt, und uns ist er heute erlebbar erschienen in seiner Auferstehung. Und so unendlich viele Leute, so unendlich viele Menschen waren heute nicht dabei, sind aber getrieben von einer buchstäblich unglaublichen Sehnsucht nach einem solchen Ostererlebnis. Und vielleicht waren heute von uns auch ein paar zwar dabei, haben aber nichts spüren oder erleben können. Doch sind diejenigen von uns, die die Auferstehung erlebt haben, heute in die Rolle der Jünger gerutscht als lebendige Zeugen der Auferstehung unseres lebendigen Herrn – in die Rolle jener lebenden Bibel, die von der Welt gelesen wird!

Thomas bekam eine zweite Chance. Doch dafür gab es eine Bedingung. Nicht die Bedingung, die wir stellen, wenn wir sagen: Wenn Gott dieses oder jenes tut, dann werde ich mir überlegen, so allmählich vielleicht glauben zu wollen. Nein, es war eine Bedingung, die Thomas erfüllen musste, nämlich die, die alle anderen Jünger auch erfüllt hatten, nämlich *sich auf den Weg mit Jesus einzulassen.*

Die Begegnung mit dem Auferstandenen ist also kein Privileg der Jünger der ersten Stunde, denn auch wir haben heute die Möglichkeit, Jesus als Auferstandenen zu erfahren und zu erleben. Die Bedingung, sich auf den Weg mit Jesus einzulassen, haben alle von uns hier erfüllt – bis zum bitteren Ende.[9] Somit haben wir alle auch die Zusage einer zweiten Chance!

Aber Thomas lehrt uns noch etwas anderes. Er vertraute nicht den Zeugen, sondern nur seiner eigenen sinnlichen Wahrnehmung. Versetzen wir uns einmal in die Szene hinein: Wo sehen wir uns darin – hier und jetzt? Als Thomasse oder als die Jünger der ersten Stunde? Fühlen wir uns hier und jetzt als Christen zweiter Klasse, weil wir vielleicht nichts oder nur wenig erlebt haben im Moment der Auferstehung? Unterstellen wir denen, die etwas erlebt haben,

[9] Gemeint ist hier die Teilnahme an regelmäßigen Passionsgottesdiensten bis zum Karfreitag.

womöglich Selbstbetrug oder eine sich selbst erfüllende Prophezeiung? Alles Gedanken, bohrende Zweifel, die Thomas vielleicht auch hatte. Wenn Jesus den Glauben der nicht Sehenden selig preist, dann wohl auch deswegen, weil wir lernen sollen, einerseits glaubwürdige Zeugen zu *sein*, andererseits aber auch glaubwürdigen Zeugen zu *vertrauen*, die das Licht der Auferstehung in die Welt tragen. Aber nicht nur das, sondern wir sollen auch lernen, unsere Sinne so zu üben, dass wir jedem einzelnen unserer Sinne zu trauen vermögen, und weil Gott möchte, dass wir in der Lage sind, ihn wirklich mit allen Sinnen wahrzunehmen. Hier darf ich an das Liebesgebot Jesu erinnern (Mk. 12, 30), demzufolge wir Gott von ganzem Herzen, ganzer Seele, ganzer Kraft und ganzem Verstand, also eben mit allen Sinnen, lieben sollen. Wenn wir Gott nur mit dem Verstand lieben, wird in den Herzen keine Auferstehung geschehen. Wenn wir Gott nur mit dem Herzen lieben, werden weder unsere Kraft noch unsere Seele noch unser Verstand Anteil an der Auferstehung bekommen. Deswegen kommen so viele Menschen auch als Trauerklöße aus Osternächten, weil die Auferstehung bestenfalls in ihrem Verstand geschehen ist, nicht aber in ihrer Seele, nicht in ihrem Herzen, nicht in ihrer Lebenskraft – vielleicht, weil sie Gott dort nicht geliebt haben oder nicht lieben konnten. Und das größte Hindernis für Liebe ist Angst. Doch hat Jesus in Ostern auch diese Angst überwunden. Ja, er hat unsere Angst hinweggetragen. Lassen wir sie doch bei IHM, anstatt sie wieder zu holen, weil die Angst so ein vertrauter und bequemer Begleiter unserer gefangenen Seele geworden ist!

Wahrscheinlich war unser Ostererleben heute auch von dieser Art – vielleicht stark im Herzen, aber schwach im Verstand. Oder stark in der Seele, aber mit schwacher Wirkung auf unsere Lebenskraft. Doch erst dann, wenn wir ganz bewusst zulassen, dass auch in den Bereichen unseres Wesens Auferstehung geschieht, wo die Liebe zu Gott noch nicht so stark ausgeprägt ist, wo vielleicht Angst uns gefangen hält, werden wir Gott immer dort „empfangen" können, wo er gerade sendet. Was aber können wir dafür tun?

Ganz einfach das, dass wir versuchen, erst einmal *selbst* unsere Herzen, Sinne, Kräfte und Verstände alle gleichermaßen wertzuschätzen und als Quellen von wahrhaftiger Erkenntnis zu respektieren, zu nutzen und sie darin zu üben. Der Verstand steht nicht über dem Herzen und dieses nicht unter der Kraft oder der Seele. Alle haben ihren Zuständigkeitsbereich. Wer sein eigenes Herz, seine eigene Lebenskraft nicht wertschätzt, wird dort auch keine Auferstehung erfahren oder dieser zumindest misstrauen – wie Thomas. Erst wenn wir uns bewusst darauf einlassen, die unverwechselbare, einmalige Gesamtheit unserer Persönlichkeit mit dem liebevollen, vertrauenden und befreienden Blick Gottes zu sehen, wird die Auferstehung auch unsere gesamte Persönlichkeit umfassen. Und das ist wichtig, nicht nur für uns – warum?

Gehen wir noch einmal zu den Jüngern zurück. Wir sind im Moment vielleicht also noch die Thomasse, die eine zweite Chance brauchen und sie auch bekommen werden, wenn wir uns bewusst auf den genannten Prozess einlassen. Wir sind aber auch diejenigen, die mit Thomassen zu tun haben – hier und in der großen weiten oder auch der kleinen nahen Welt. Da können wir es uns nicht leisten, nur auf einem Kanal zu senden, in dem gerade jetzt eben mal bei uns eine Auferstehung geschehen ist. Wir können und dürfen uns ganz der Auferstehung hingeben, damit wir alle Thomasse in unserer Umgebung erreichen, aber auch, um selbst auf allen Ebenen als glaubwürdig erfunden zu werden. Charismatische Prediger, die Kinder missbrauchen, alkoholabhängige Pfarrer oder begnadete Seelsorger, die gigabyteweise Pornografie fressen, oder auch nur unbeherrschte, aufbrausende oder ewig weinerliche, leidenschaftlich leidende Christenmenschen sind eben in Teilen ihrer Persönlichkeit noch unheil und unerlöst, damit angreifbar, und machen das Bild des Christentums in der Welt unglaubwürdig. Wohlgemerkt – es geht dabei nicht um Perfektion, sondern um ein herzliches Streben nach österlicher Vollkommenheit, nach „ganzheitlicher Auferstehung", die allein von Gott geschenkt wird!

Vertrauen wir also auf die zweite Chance, die unser Leben ganz verändert, egal, ob wir nun als lebendige Zeugen der „ganzen" Auferstehung Thomassen gegenüberstehen, die unserem Bekennen nicht glauben, weil sie dort nicht empfangsbereit sind, wo wir senden, oder ob wir die Thomasse sind, die dem österlichen Zeugnis der anderen nicht glauben können und heute von einem voll gedeckten Tisch hungrig aufstehen. Es ist an uns als zur umfassenden Liebe befreite Christen, bewusst darauf zu achten, dass wir alle vier Aspekte unseres Seins – Herz, Seele, Verstand und Lebenskraft – gleichermaßen annehmen, lieben und ihnen vertrauen, denn nur dann können wir wiederum Gott mit all diesen Teilen unserer selbst lieben, und nur dann kann uns die Auferstehung ganz umfassen. Möglicherweise müssen wir die einen oder anderen dieser Teile erst einmal regelrecht suchen.

Eine Hilfe dafür kann uns das Kreuzzeichen[10] sein: Wir beginnen mit der Auferstehung unseres Geistes, gehen zur Auferstehung unserer Seele und lassen auch Herz und Kraft auferstehen. Möge uns das eine sinnliche Übung sein, eine Hilfe, uns auf den Weg zu machen, der uns zu der Gnade führt, für die der Jünger Thomas steht: unsere zweite Chance auf die Liebe, die Freiheit und die Perspektive von Ostern – morgen, nächste Woche oder nächstes Jahr. Denn: Der Herr ist auferstanden, er ist wahrhaftig auferstanden, halleluja! – Amen.

---

[10] Gemeint ist hier die Selbstbekreuzigung, wie sie z.B. in der römisch-katholischen Kirche üblich ist.

Was bleibt von Ostern?

Predigt zum Sonntag nach Ostern, gehalten in der Osterkirche Nürnberg-Worzeldorf am 22.4.2001

Aber der Engel des Herrn redete zu Philippus und sprach: Steh auf und geh nach Süden auf die Straße, die von Jerusalem nach Gaza hinabführt und öde ist. Und er stand auf und ging hin. Und siehe, ein Mann aus Äthiopien, ein Kämmerer und Mächtiger am Hof der Kandake, der Königin von Äthiopien, welcher ihren ganzen Schatz verwaltete, der war nach Jerusalem gekommen, um anzubeten. Nun zog er wieder heim und saß auf seinem Wagen und las den Propheten Jesaja. Der Geist aber sprach zu Philippus: Geh hin und halte dich zu diesem Wagen! Da lief Philippus hin und hörte, dass er den Propheten Jesaja las, und fragte: Verstehst du auch, was du liest? Er aber sprach: Wie kann ich, wenn mich nicht jemand anleitet? Und er bat Philippus, aufzusteigen und sich zu ihm zu setzen. Der Inhalt aber der Schrift, die er las, war dieser (Jesaja 53,7-8): »Wie ein Schaf, das zur Schlachtung geführt wird, und wie ein Lamm, das vor seinem Scherer verstummt, so tut er seinen Mund nicht auf. In seiner Erniedrigung wurde sein Urteil aufgehoben. Wer kann seine Nachkommen aufzählen? Denn sein Leben wird von der Erde weggenommen.« Da antwortete der Kämmerer dem Philippus und sprach: Ich bitte dich, von wem redet der Prophet das, von sich selber oder von jemand anderem? Philippus aber tat seinen Mund auf und fing mit diesem Wort der Schrift an und predigte ihm das Evangelium von Jesus. Und als sie auf der Straße dahinfuhren, kamen sie an ein Wasser. Da sprach der Kämmerer: Siehe, da ist Wasser; was hindert's, dass ich mich taufen lasse? Und er ließ den Wagen halten und beide stiegen in das Wasser hinab, Philippus und der Kämmerer, und er taufte ihn. Als sie aber aus dem Wasser heraufstiegen, entrückte der Geist des Herrn den Philippus und der Kämmerer sah ihn nicht mehr; er zog aber seine Straße fröhlich. *(Apg. 8, 26-39)*

Passion und Ostern sind vorbei, die Konfirmationen sind glücklich überstanden, nach dem Kurzurlaub geht es morgen wieder an die Arbeit – der Alltag hat uns endlich wieder. Die Feierstimmung ist vorüber. Es ist wie jedes Jahr, nichts hat sich geändert – Christus ist immer noch gestorben und wieder auferstanden; zumindest glauben wir das. Ostern wird auch nächstes Jahr so sicher kommen wie das Amen in der Kirche. Wir haben wieder einmal gehört, dass wir von unseren Sünden erlöst sind, dass uns durch Tod und Auferstehung Jesu Christi das Ewige Leben verheißen ist.

Es ist schön, das wir das alles wissen und vielleicht auch erleben durften und dürfen. Aber was bedeutet das jetzt, hier und heute? Und: Glauben wir wirklich alle überzeugt an die Auferstehung Jesu Christi?

Ich denke, dass die meisten von Ihnen wohl keine fundamentalen Probleme mit Ostern haben. Dabei ist es wohl nicht einfach nur die Gewohnheit und die

Erziehung, die Sie das glauben lässt, sondern vielfach eine tiefe innere Überzeugung.

Und wie geht es den anderen paar tausend Gemeindegliedern, die nie oder selten hier in einem Gottesdienst zu sehen sind und die ich mit dieser Predigt ja auch gar nicht ansprechen kann?

Vor drei und vor vier Wochen haben wir Konfirmation gefeiert, vorige Woche Ostern. Was aber bleibt von diesen Sternstunden eines Christenlebens – wenn es denn wirklich welche waren – nach Tagen, Monaten oder gar Jahren? Welche Bedeutung wird der christliche Glaube, so wie er beispielsweise im Konfirmandenunterricht gelehrt wird, haben, wenn unsere neuen Konfirmanden ihren Schulabschluss, ihre Lehre, ihren Tanzkurs machen oder ihrer ersten unsterblichen Liebe zum Opfer fallen? Was wird aus dem Glauben, wenn intelligente Zeitgenossen an ihren Verstand appellieren und sie in geschickten Diskussionen zu überzeugen versuchen, dass ein Auferstehungsglaube einfach nur hirnrissig ist? Wenn selbsternannte 100%-Christen ihnen die Kirche madig machen und ihnen ihre eigene Gemeinschaft anempfehlen, in der sie dann mit Pflichten, Disziplin und Gesetzen in einer hörigen Unmündigkeit verharren und meinen, dadurch ein gottgefälliges Leben zu führen?

Aber auch wir: Was bleibt uns von Ostern? Hat uns die Osterbotschaft wirklich erreicht? Was nehmen wir mit, was trägt uns, was setzen wir den Anfechtungen des Lebens entgegen? Wie gehen wir mit unserem Glauben im Alltag um? Sind wir zum Beispiel als Christen für unsere Mitmenschen erkennbar oder verstecken wir uns, wollen möglichst unsere Ruhe haben, nicht anecken?

Liebe Gemeinde, der Predigttext von heute gibt uns eine Antwort.

Aber der Engel des Herrn redete zu Philippus und sprach: Steh auf und geh nach Süden auf die Straße, die von Jerusalem nach Gaza hinabführt und öde ist. Und er stand auf und ging hin.

Diese Geschichte fasziniert mich aus drei Gründen.

Erstens: Philippus bekam vom Engel Gottes gezeigt, wo er gebraucht wurde. Scheinbar absurd: Da soll dieser Mensch, ein Gesandter Gottes, auf die ödeste Straße weit und breit gehen. Wie auch immer dieser Philippus den Befehl des Engels erfahren hat – als Traum, als Vision, als innere Stimme oder was sonst – *er stand auf und ging hin*! Ein solches Verhalten wäre für uns aufgeklärte Menschen wohl schon an sich unvorstellbar. Unvernünftig, jetzt um diese Tageszeit auf eine öde Straße zu gehen! Meine Frau macht sich Sorgen, die Kinder quengeln, die Freunde langen sich ans Hirn oder äußern mitleidig irgend etwas von beginnender Altersdemenz. Nein, Gott muss uns seine Probleme und seine Aufträge schon so auf den Tisch servieren, dass wir uns nicht extra anstrengen, uns von unseren zwei Hinterbacken erheben müssen – und in unserem Tagesablauf darf er uns schon gar nicht stören! Trotzdem probiert er es wohl immer wieder. Dazu zwei kurze Erlebnisse von mir:

Neulich war ich in der Stadt. Ich hatte ein Buch abgeholt und musste zum Zug. Unterwegs sprach mich eine offensichtlich ziemlich verzweifelte Ausländerin an und bat mich um Hilfe – es ging angeblich um die Finanzierung einer Wohnung. Nun wachsen bei mir auch keine goldenen Birnen, aber ich habe ihr einfach ein Fünfmarkstück in die Hand gedrückt und gehofft, die Sache wäre damit erledigt. Sie aber bat mich angesichts meiner Großzügigkeit noch, mit mir weiter sprechen zu dürfen, da sie niemanden habe, mir dem sie reden könne. Ich habe das dann abgelehnt, weil ich eben zum Zug musste, und habe sie stehen lassen. War das richtig? Es gibt tausend Gründe, die mein Verhalten rechfertigen. Soll sie doch zur Stadtmission gehen, man kennt das ja außerdem, immer sind diese Leute als Schmarotzer unterwegs undsoweiter, und außerdem hat man ja schließlich seine Verpflichtungen; ich musste ja nicht deswegen zum Zug, um mit dem Lokführer zu plaudern. Und wenn aber jetzt doch *ich* wirklich gemeint gewesen wäre? Wenn vielleicht gerade *ich* hier und jetzt dieser Frau durch ein paar Minuten Zuhören ein wenig Licht in ihr Leben hätte schicken können? Vielleicht wäre ja dann auch mein Zug mit ausreichender Verspätung abgefahren...

Anderes Beispiel: Als vor gut einem Jahr ein landkreisbekannter Leserbriefschreiber sich einmal wieder bemüßigt fühlte, gegen Kirche und Christentum zu wettern, konnte ich nicht mehr an mich halten und habe einen gesalzenen Gegenleserbrief geschrieben, auf den ich auch aus Ihren Reihen angesprochen wurde. Wenige Tage später klingelte bei mir das Telefon und ein nicht unfreundlicher, aber sehr von seiner Ansicht überzeugter Mann stellte mich fast schon regelrecht zur Rede wegen meiner Glaubensüberzeugung und meiner Weigerung, mich deswegen gewissermaßen als intellektuell nicht voll zurechnungsfähig bezeichnen zu lassen. Sie können sich vorstellen, dass ich auch nicht den lieben langen Tag zuhause sitze und auf solche Telefonanrufe warte. Ich habe mir damals dann aber die Zeit genommen, mit diesem Menschen zu reden – es war ein anstrengendes, aber durchaus fruchtbares Gespräch. Zwar ist jeder bei seiner Überzeugung geblieben, aber die Offenheit, in der dieses Gespräch ablief, war an sich schon die Zeit wert. Ob ich wirklich von Gott gemeint und bestimmt war, ob es wirklich meine Sache war, diese Kastanien aus dem Feuer zu holen, weiß ich bis heute nicht. Aber ich war damals der einzige, der es getan hat, zumindest öffentlich.

Ich lese die Geschichte weiter:

Und siehe, ein Mann aus Äthiopien, ein Kämmerer und Mächtiger am Hof der Kandake, der Königin von Äthiopien, welcher ihren ganzen Schatz verwaltete, der war nach Jerusalem gekommen, um anzubeten.

Nun zog er wieder heim und saß auf seinem Wagen und las den Propheten Jesaja. Der Geist aber sprach zu Philippus: Geh hin und halte dich zu diesem Wagen! Da lief Philippus hin und hörte, dass er den Propheten Jesaja las, und fragte: Verstehst du auch, was du liest? Er aber sprach: Wie kann ich, wenn mich nicht jemand anleitet? Und er bat Philippus, aufzusteigen und sich zu ihm zu setzen.

Stellen Sie sich vor, Sie müssen zu einer Betriebsversammlung und einer Ihrer Kollegen kommt zu spät. Ihr Chef sagt zu diesem Kollegen „Jaja, und die Letzten werden die Ersten sein". Sie stehen auf und fragen: „Verstehen Sie auch wirklich, was Sie da sagen?" Ich sehe einige von Ihnen schmunzeln. Ich erspare es jetzt Ihnen und mir, mögliche Reaktionen seitens Ihres Chefs auszumalen. Trotzdem: Bibelzitate sind – ob wörtlich oder verballhornt, ob ernst gemeint oder im Scherz – in unserer säkularen Gesellschaft allgegenwärtig. Die wenigsten aber verstehen dabei das Wort, das sie im Munde führen. Die gesamte

Geschichte des Christentums ist voll von Ereignissen, die davon zeugen, dass das Wort Gottes – zum Teil auch bewusst – missverstanden und missbraucht wurde, und viele dieser Zeugnisse sind mit menschlichem Blut geschrieben. Es war nie ein Problem, im Namen des Friedefürsten Kriege zu führen, im Namen des Retters einer Ehebrecherin Hexen zu verbrennen, zu betrügen, Recht zu brechen – und das alles nicht nur in der Vergangenheit; nur sind die Methoden heute meist subtiler.

Aber sind denn wir gewiss, dass wir selber verstanden haben? Hat uns Ostern berührt oder haben wir uns in aufgeklärter Routine darüber hinweggesetzt? Friedrich Nietzsche hat einmal über die Christen gespottet: „Erlöster müssten sie mir aussehen!" Hat er nicht eigentlich recht? Wieviel Erlöstheit hat in unserem Leben Platz? Gewiss sind auch wir nur Menschen, aber wie viele Menschen aus unserer Mitte verwechseln Christentum mit konservativen Werten, Glauben mit Tradition, Gott mit einem seltsamen alten Einsiedler mit unbegreiflichen Gedanken? Ein solcher Glaube, bei dem Menschen Gott nach ihrem Bilde erschaffen, kann kein Zeugnis von erlöstem Christentum sein. Ich bin davon überzeugt, dass Gott uns im buchstäblichen Wortsinn liebend gerne von vielen kleinen und großen Sorgen befreien würde – wenn wir das, was wir ihm im Gebet anbefohlen haben, uns nur ja nicht postwendend wieder holen und dann doch selbst zu erledigen versuchen würden! Herauszufinden, was Gottes und was unsere Sache ist, ist wohl eine immer neue Herausforderung für unser Leben und Wachsen im Glauben – ebenso wie das Beharren im Glauben, wenn Gott einmal nicht nach unserem Willen funktioniert.

Aber nur Christen, die ihre Erlösung wirklich angenommen haben, die darauf vertrauen, die mit dieser Erlöstheit an ihre tägliche Arbeit gehen, können wirklich „Licht der Welt und Salz der Erde" sein. Gewiss war die Predigt des Philippus vom Geist Gottes begleitet und gesegnet. Doch Predigten können nur dann etwas bewirken, wenn der Prediger selbst glaubt, was er sagt. Ohne „Glaub-Würdigkeit" kein Glaube! Hätte Philippus lediglich eine Unterrichtsmitschrift aus dem letzten Homiletik-Seminar bei Professor XY wiederholt, wäre sein Erfolg wahrscheinlich nicht so stark gewesen. Es gehört weniger hohe Gelehrsamkeit als unser persönliches Bekennen dessen, was uns geistlich ausmacht – und das ist zentral das Ostergeschehen – dazu, um Mitmenschen zu erreichen. Um mit den Worten Christoph Blumhardts zu sprechen: „Vielen genügt es, die Auferstehung Jesu Christi in den Büchern stehen zu lassen und etwa als ein wunderbares Ereignis der Vergangenheit gelten zu lassen, aber sie machen sich nichts daraus im Leben. Und doch gehört es zum Allerwichtigsten, dass wir den Heiland haben. Heute lebt er, heute ist er da, heute sollst du seine Kraft spüren, dass dein Leben vom Tod befreit ist!"

Christus überfordert uns nicht. Er versteht Zweifel, Glaubensschwächen und Hadern mit Gott, denn in allem ist er uns vorausgegangen. Aber er erwartet von uns den Wunsch nach Verbindlichkeit – buchstäblich: Nach einem Leben in ständiger Verbindung mit ihm!

Der Inhalt aber der Schrift, die er las, war dieser (Jesaja 53,7-8): »Wie ein Schaf, das zur Schlachtung geführt wird, und wie ein Lamm, das vor seinem Scherer verstummt, so tut er seinen Mund nicht auf. In seiner Erniedrigung wurde sein Urteil aufgehoben. Wer kann seine Nachkommen aufzählen? Denn sein Leben wird von der Erde weggenommen.«

Da antwortete der Kämmerer dem Philippus und sprach: Ich bitte dich, von wem redet der Prophet das, von sich selber oder von jemand anderem?

Philippus aber tat seinen Mund auf und fing mit diesem Wort der Schrift an und predigte ihm das Evangelium von Jesus.

Und als sie auf der Straße dahinfuhren, kamen sie an ein Wasser. Da sprach der Kämmerer: Siehe, da ist Wasser; was hindert's, dass ich mich taufen lasse? Und er ließ den Wagen halten und beide stiegen in das Wasser hinab, Philippus und der Kämmerer, und er taufte ihn. Als sie aber aus dem Wasser heraufstiegen, entrückte der Geist des Herrn den Philippus und der Kämmerer sah ihn nicht mehr; er zog aber seine Straße fröhlich.

Philippus hat seinen Dienst getan und der Kämmerer zieht fröhlich von dannen. Nicht, wie in einem Witz aus Kindermund, weil Philippus endlich mit seiner Predigt aufgehört hatte, sondern weil sein Leben plötzlich durch diese Begegnung viel reicher geworden war. Vielleicht erlebte er eine große innerliche Befreiung? Erlangte neue Hoffnung? Auf alle Fälle bekam er eines der wichtigsten Güter menschlichen Lebens mit: die Fröhlichkeit des Glaubens. Und vielleicht machte dieser Schatzmeister dann selbst seine Erfahrungen im Glauben, mit der Erlösung, mit Christus; Erfahrungen als jemand, der selbst anderen Leuten beim Verstehen Gottes helfen konnte? Und so ist die Botschaft von Ostern über viele Menschen wie Philippus und den Kämmerer zu uns heute weitergegeben worden. Was machen wir daraus? Sind wir als Christen erkennbar? Stellen wir uns einer Situation, die für unseren Glauben eine Probe darstellen könnte, oder tauchen wir lieber in unserer Unverbindlichkeit, unseren Problemen, unserer Alltagshektik unter?

Und was tun wir, wenn Jesus Christus dereinst dasselbe tut? „Wer mich bekennt vor den Menschen, den will auch ich bekennen vor meinem himmlischen Vater. Wer mich aber nicht bekennt vor den Menschen, den will auch ich nicht bekennen vor meinem himmlischen Vater.“ Ist das aber nicht wieder typisch Kirche? Wenn den Herren Predigern nichts mehr einfällt, argumentieren sie mit den ewigen Höllenstrafen. Ich rede aber nicht vom Gericht am Ende der Zeit. Ich rede davon, wie der Sohn Gottes hier und heute für uns einsteht. Die Kreuzigung war damals nur möglich aufgrund von Feigheit. Die Jünger waren feige, als sie flohen – die Situation wurde einfach zu brenzlig. Die Hohenpriester waren feige, denn um den Friedefürst zu fangen, brauchte es mit Sicherheit keine römischen Truppen. Und Pilatus war feige, denn die Freilassung Jesu Christi hätte ihn zumindest seinen Job als römischer Statthalter gekostet. Und alle hatten sie gute Gründe für ihr Verhalten...

Was also bleibt von Ostern, von Konfirmation, von den Festen des Glaubens? „Und er zog seine Straße fröhlich“. Liebe Gemeinde, *wir* sind die Bibel, die von allen Menschen gelesen wird. An unserem Verhalten wird man die Glaubwürdigkeit unseres Glaubens und unserer Kirche messen. Und wir werden uns nicht immer mit dem Hinweis auf unsere menschlichen Schwächen oder auf die angebliche Unfähigkeit oder den Unwillen des Heiligen Geistes, dort zu wehen, wo wir uns dies wünschen oder einbilden, aus der Affäre ziehen können. Dabei verlangt Gott von uns nicht, dass wir jedem Menschen das Evangelium pausenlos um die Ohren prügeln, und beständiges Missioniertwerden stößt viele Menschen mit Sicherheit eher vom Glauben ab. Aber wenn wir an einer österlichen Freude, an einer stillen Getrostheit, am fröhlichen Vertrauen zu erkennen sind, das uns auch durch Leid hindurch trägt und keinesfalls mit einem oberflächlichen „positiv Denken“ oder „keep smiling“ zu verwechseln ist, dann werden wir automatisch zu Gesandten Gottes. Und vielleicht spricht uns ja dann der eine oder andere Mitmensch darauf an: „Ich möchte mal wirklich wissen, wo

Sie jetzt in dieser Situation noch Ihr Vertrauen und Ihre Zuversicht hernehmen“ oder so ähnlich – und dann ist es an uns, Farbe zu bekennen.

Ich wünsche uns allen, dass wir immer für unsere Umwelt an diesem frohen Vertrauen auf Gott zu erkennen sind. Zwar haben auch wir Christen das Recht zu zweifeln, aber wir haben keinen Anlass zu *ver*zweifeln. Wir müssen nicht immer als Muntermacher unterwegs sein, aber wenn wir Gott nichts mehr *zu*trauen, ihm nicht mehr *ver*trauen, haben wir unseren Glauben an Karfreitag liegenlassen, Ostern hat uns nicht erreicht. Ich lade Sie ein, sich auf den Weg zu machen, auf den Weg zu sich selbst, zu Ihrem Glauben, auf den Weg zu Ihren Mitmenschen, auf den Weg in die Schöpfung; entdecken Sie für sich selbst, was bei Ihnen von Ostern geblieben ist. Ziehen Sie Ihre Straße fröhlich!

Sattes Christentum oder: Vom Gesetz des Geistes

Wer von uns wollte nicht nach „Gottes Geboten“ leben? Schließlich kann es nichts Ehrenvolleres, Heiligeres und für Christen Selbstverständlicheres geben! Doch was sind „Gottes Gebote“? An unglaublich vielen Stellen in der Bibel ist von „Gottes Geboten“ die Rede. Diese beziehen sich meist nicht auf individuelle Anweisungen Gottes an bestimmte Menschen in bestimmten Situationen, sondern greifen auf das sogenannte „Mosaische Gesetz“ zurück, welches in den Büchern Leviticus und Deuteronomium (3. bzw. 5. Mose) geschrieben steht und für so ziemlich alle denkbaren Sünden des Volkes Israel entsprechende Sühnehandlungen vorsieht.

Das müsste uns nun heute nicht über ein gewisses, bestenfalls soziologisches oder historisches Interesse hinaus beschäftigen, wenn nicht oftmals in christlichen Verlautbarungen die Einhaltung genau dieses Gesetzes gefordert würde. Da gibt es eine Partei „für ein Deutschland nach Gottes Geboten“, da gibt es Gemeinden und Strömungen in Traditionskirchen, in denen Homosexualität als Sünde gebrandmarkt wird, da gibt es ernste Christen, die die Abgabe des berühmten „Zehnten“ – natürlich vom Bruttogehalt – fordern. All diese bekommen vermeintlich Schützenhilfe von allerhöchster Stelle, nämlich von Jesus Christus selbst. So bezeugt der Evangelist Matthäus folgende Äußerung Jesu: „Ihr sollt nicht meinen, dass ich gekommen bin, das Gesetz oder die Propheten aufzulösen; ich bin nicht gekommen aufzulösen, sondern zu erfüllen. Denn wahrlich, ich sage euch: Bis Himmel und Erde vergehen, wird nicht vergehen der kleinste Buchstabe noch ein Tüpfelchen vom Gesetz, bis es alles geschieht.“ (Mt. 5, 17.18) Ähnliches steht bei Lukas (16, 17): „Es ist aber leichter, dass Himmel und Erde vergehen, als dass ein Tüpfelchen vom Gesetz fällt.“ Damit ist doch eigentlich alles klar. Das Gesetz des Mose gilt nach wie vor, es ist von Christus ausdrücklich autorisiert und damit von seinen Anhängern zu beachten – fertig!

Nein, nicht fertig. Denn wie geht Jesus selbst mit dem Mosaischen Gesetz um? Er tut reihenweise Dinge, die verboten sind! Er heilt am Sabbat, er rupft Ähren am Feiertag, er verhindert die gesetzmäßige Steinigung einer Ehebrecherin – und dieser will das Gesetz des Mose erfüllen, obwohl er es selbst bricht?

Des Rätsels Lösung liegt im Gesetz hinter dem Gesetz. Während die Pharisäer und Schriftgelehrten, die zur Zeit Jesu über die Einhaltung des Gesetzes wachten, von ihm mehrfach als Heuchler betitelt und entlarvt wurden, zeigte Jesus den wahren Sinn hinter dem Gesetz auf, nämlich Regeln zur Ermöglichung von Leben. Nachdem sich jedoch die Menschen aufgrund ihrer Engstirnigkeit als unfähig erwiesen hatten, den Sinn im Gesetz zu erkennen, musste Gott ein anderes Gesetz einführen. Paulus schreibt: „Denn das *Gesetz des Geistes*, der lebendig macht in Christus Jesus, hat dich frei gemacht von dem Gesetz der Sünde und des Todes“ (Römer 8, 2). Jesus Christus hat uns durch seine Auferstehung ein neues Gesetz gebracht, nämlich das Gesetz des frei und lebendig machenden Heiligen Geistes. Durch seine zahlreichen Briefe zieht sich diese Freudenbotschaft von der geistlichen Freiheit und der Überwindung des alten Gesetzes. Doch schon in der Apostelgeschichte begegnet uns die Fragestellung, inwieweit das jüdische Gesetz für nichtjüdische Christen anzuwenden sei. In Apg. 15, 9-11 berichtet uns Lukas:

> Als man sich aber lange gestritten hatte, stand Petrus auf und sprach zu ihnen: Ihr Männer, liebe Brüder, ihr wisst, dass Gott vor langer Zeit unter euch bestimmt hat, dass durch meinen Mund die Heiden das Wort des Evangeliums hörten und glaubten. Und Gott, der die Herzen kennt, hat es bezeugt und ihnen den Heiligen Geist gegeben wie auch uns, und er hat keinen Unterschied gemacht zwischen uns und ihnen, nachdem er ihre Herzen gereinigt hatte durch den Glauben. Warum versucht ihr denn nun Gott dadurch, dass ihr ein Joch auf den Nacken der Jünger legt, das weder unsre Väter noch wir haben tragen können? Vielmehr glauben wir, durch die Gnade des Herrn Jesus selig zu werden, ebenso wie auch sie.

Damit ist durch den Mund des Apostels klar geworden, dass das Gesetz des Mose für Nichtjuden keinerlei Verbindlichkeit darstellt. *Wir sind frei vom Gesetz!* Damit sind Homosexualität nicht verurteilt, damit ist die Pflicht zur Abgabe des Zehnten irrelevant, damit sind all die anderen Gesetze und Gebote dem einen einzigen Gesetz, dem Gesetz des frei und lebendig machenden Geistes, unterworfen.

Nun könnte man meinen: Wunderbar! Damit ist der Beliebigkeit Tür und Tor geöffnet. Da nach theologischer Lehrmeinung mit der Taufe jeder den Geist Gottes empfangen hat, kann nun jeder nach dem Gesetz seines privaten Heiligen Geistes tun und lassen, was er will, oder wie?

Hier sind wir am springenden Punkt angelangt. Dieser genannte Einwand zeigt, wie weit unser Leben in der Regel von erfahrbarer Geistes- und Gottesgegenwart entfernt ist. Der Geist Gottes ist nämlich kein totalitärer Herrscher, der uns allezeit fest im Griff hat, sondern ein Ratgeber, auf den zu hören wirklich und wahrhaftig geübt werden muss. Die Taufe bedeutet lediglich, dass wir den Geist Gottes in unser Haus dauerhaft einlassen, aber nicht, dass er auch in jedem Winkel tatsächlich wohnt und sich wohlfühlt! Mit anderen Worten: Wir haben sehr wohl trotz des Geistes die Möglichkeit, wider ihn zu handeln. Paulus schreibt schon die mahnenden Worte: „Alles ist erlaubt, aber nicht alles dient zum Guten. Alles ist erlaubt, aber nicht alles baut auf." (1. Kor. 10, 23). Das bedeutet: Während es kein Gesetz mehr gibt, das uns starre Vorschriften machen könnte, sondern Freiheit im Geist, gibt es Kriterien, an denen unser freies Handeln gemessen wird: dass es aufbaut und zum Guten dient. Hier findet unsere geistliche Freiheit ihre geistlichen Grenzen – man könnte auch sagen: den Rahmen des Heils. Es ist unsere Aufgabe, in hörender und betender Grundhaltung fröhlich durchs Leben zu gehen, um die sanfte Stimme Gottes zu vernehmen, der uns durch den Heiligen Geist das Gute und Aufbauende rät.

Doch ausgerechnet mit dem Hören hat es unsere Zeit nicht gerade. Egal, ob wir 24 Stunden zugestöpselt sind oder nichts ohne Geräuschkulisse tun können: Mangelndes Hörvermögen ist ein Grundproblem unserer Zeit. Wir hören nicht mehr zu, nicht mehr auf, nicht mehr aufeinander, wir ge-horchen nicht mehr – die Reihe der leider nur allzu sinnfälligen Wortspiele ließe sich fortsetzen. Wie sollen wir auf die zarte Stimme Gottes in uns hören, wenn wir noch nicht einmal unter Menschen in der Lage sind, einander wirklich zuzuhören?

Ich frage mich, ob die „satten" Christen, die ganz genau wissen, wie Glaube funktioniert, wirklich hören können – auf die Bibel und ihre verborgenen Botschaften, auf Gottes Stimme, auf die Sorgen und Nöte ihrer Mitmenschen –, oder ob sie nicht vielmehr doch verbissen festhalten an dem, was sie einmal als Wahrheit erkannt zu haben glauben und was nun gegen jede Kritik mit Zähnen und Klauen verteidigt werden muss. Mit dem alten Gesetz, das im Gewand von „Gottes Gebot" einhergeht, sind unsere Sorgen, Anfechtungen und Wünsche nicht geistlich angemessen behandelt. Gerade das engagierte Christentum steht weithin mit bester Absicht sich selbst im Weg, weil es vielfach aus Menschen besteht, die fest davon überzeugt sind, Recht zu haben, und für ihre Argumente die Bibel virtuos als unanfechtbaren Steinbruch benutzen. Dabei wäre es eigentlich gar nicht wirklich so schwierig, sich Gottes Führung anzuvertrauen. Lassen wir wieder Paulus sprechen: „Seid niemandem etwas schuldig, außer dass ihr euch untereinander liebt; denn wer den andern liebt, der hat das Gesetz erfüllt. Denn was da gesagt ist (2.Mose 20,13-17): »Du sollst nicht ehebrechen; du sollst nicht töten; du sollst nicht stehlen; du sollst nicht begehren«, und was da sonst an Geboten ist, das wird in diesem Wort zusammengefasst (3.Mose 19,18): »Du sollst deinen Nächsten lieben wie dich selbst.« Die Liebe tut dem Nächsten nichts Böses. So ist nun die Liebe des Gesetzes Erfüllung." (Römer 13, 8-10). Liebe aber bedeutet zunächst einmal Demut vor Gott und unseren Nächsten. Nähme diese Demut die Stelle unseres stolzen Christseins in unserem Herzen ein, wäre schon unendlich viel gewonnen und niemand hätte es mehr nötig, sich mit dem moralisch-christlichen erhobenen Zeigefinger über andere zu erheben. Aber Geduld und Überwindung kostet das schon. Und ganz bestimmt gibt es auch wieder Christen, die selbst voller Stolz von den anderen Demut einfordern. Aber auch diese wird man an ihren Früchten erkennen, wie Jesus sagt. Und an den Früchten müssen wir uns alle messen lassen.

Himmelfahrt

Diese Predigt wurde gehalten am Himmelfahrtstag 1998 in der Johanniskirche Ansbach.

Den ersten Bericht habe ich gegeben, lieber Theophilus, von all dem, was Jesus von Anfang an tat und lehrte bis zu dem Tag, an dem er aufgenommen wurde, nachdem er den Aposteln, die er erwählt hatte, durch den Heiligen Geist Weisung gegeben hatte. Ihnen zeigte er sich nach seinem Leiden durch viele Beweise als der Lebendige und ließ sich sehen unter ihnen vierzig Tage lang und redete mit ihnen vom Reich Gottes. Und als er mit ihnen zusammen war, befahl er ihnen, Jerusalem nicht zu verlassen, sondern zu warten auf die Verheißung des Vaters, die ihr, so sprach er, von mir gehört habt; denn Johannes hat mit Wasser getauft, ihr aber sollt mit dem Heiligen Geist getauft werden nicht lange nach diesen Tagen.

Die nun zusammengekommen waren, fragten ihn und sprachen: Herr, wirst du in dieser Zeit wieder aufrichten das Reich für Israel? Er sprach aber zu ihnen: Es gebührt euch nicht, Zeit oder Stunde zu wissen, die der Vater in seiner Macht bestimmt hat; aber ihr werdet die Kraft des Heiligen Geistes empfangen, der auf euch kommen wird, und werdet meine Zeugen sein in Jerusalem und in ganz Judäa und Samarien und bis an das Ende der Erde.

Und als er das gesagt hatte, wurde er zusehends aufgehoben, und eine Wolke nahm ihn auf vor ihren Augen weg. Und als sie ihm nachsahen, wie er gen Himmel fuhr, siehe, da standen bei ihnen zwei Männer in weißen Gewändern. Die sagten: Ihr Männer von Galiläa, was steht ihr da und seht zum Himmel? Dieser Jesus, der von euch weg gen Himmel aufgenommen wurde, wird so wiederkommen, wie ihr ihn habt gen Himmel fahren sehen. *(Apg. 1, 3-11)*

Da sind also nun die Jünger mit Jesus zusammen. Es ist einige Zeit nach der Auferstehung Jesu. Die Jünger wissen nicht, dass dies das letzte Zusammentreffen mit dem Auferstandenen sein wird. Gesprächsthema ist die Zukunft: die Zukunft der Jünger, die Zukunft des Volkes Israel. Israel, ein Volk, dessen Land zur Zeit Jesu von den Römern besetzt war und das von allerlei innenpolitischen Unruhen, allen möglichen Revoluzzern und Aufständischen erschüttert wurde, sehnte sich nach Sicherheit, Frieden, Gerechtigkeit und natürlich nach politischer Autonomie. Die Jünger fragen Jesus deshalb, ob er bei der verheißenen Taufe mit dem Geist Gottes auch die uralte Königsherrschaft Israels wieder aufrichten würde. Jesus nimmt diese – zutiefst menschliche und politisch durchaus wichtige – Frage zwar ernst, verweist die Jünger aber in ihre Schranken. Er verheißt nicht die Erfüllung politischer Wünsche, nicht die Abschaffung der Ungerechtigkeit und des Unfriedens in der Welt. Aber er verheißt eine Zurüstung, damit die Jünger in dieser Welt bestehen. Jesus macht seine Apostel dadurch mitverantwortlich für den Aufbau des Reiches Gottes auf dieser Welt. Er verheißt ihnen den Heiligen Geist als Tröster, Beistand und Legitimation für ihren großen Auftrag, durch das Zeugnis von Jesus Christus, seinem Leiden, Tod und seiner Auferstehung der Welt die Frohbotschaft von der Überwindung der Letztgültigkeit des Todes und des Unfriedens zu bringen. Damit verbindet sich Gottes Auftrag und Vollmacht mit dem Handeln und der Verantwortung der Menschen.

Seit dieser Zeit sind nun fast zweitausend Jahre vergangen. Generationen von Christen – auch Generationen von Aposteln – sind darüber gestorben, keine Wiederkunft und kein Jüngster Tag sind bisher gewesen. Niemand – nicht einmal Jesus selbst – weiß genau, wann dies sein wird. Die Christenheit hat sich auf eine lange Zeit des Wartens eingerichtet – und – zumindest bei uns – durchaus *bequem* eingerichtet. Was geblieben ist, ist der Auftrag an uns, Zeugnis von unserem Herrn Jesus Christus, unserem Bekenntnis und unserem Glauben abzulegen. Der Heilige Geist scheint dazu die Voraussetzung zu sein, um überhaupt von Gott und seinem Sohn so Zeugnis abgeben zu können, dass es in vollmächtiger Wirksamkeit geschieht, also so, dass andere Menschen davon beeindruckt werden können, ohne dass sie das Gefühl haben müssen, unter Missionsdruck gesetzt worden und zum Glauben regelrecht überredet worden zu sein. Dabei ist heute der Geist womöglich noch wichtiger als er es damals war, denn die Jünger haben das Wirken Jesu noch mit eigenen Augen und Ohren erlebt, aber wir heute?

Doch *bezeugen* kann man nur etwas, was man selbst *erlebt* hat. Wer von einem Gänsebraten schwärmt, den er selbst nicht gegessen hat, ist ein Heuchler. Was also bezeugen wir heute als Christen gegenüber unserer Umwelt? Etwa eine Konfessionszugehörigkeit nach dem Motto: bin fei a gouder Ludderaner, gell, und an jedn Sundoch gäids in d' Kerng?[11] Konfessionen sind nichts als Schall und Rauch, bestenfalls Zeichen unterschiedlich gelebter Frömmigkeit, meistens aber geistliches Karteileichentum.

Eine hohen ethischen und moralischen Ansprüchen genügende Lebensführung? Das können Atheisten auch, manchmal sogar besser als wir Christen. Völlig abgesehen davon, dass man dieses Ideal im Zweifelsfall noch genauer definieren müsste; was nämlich heißt ethisch wertvoll genau?

---

[11] Für Nicht-Franken: Ich bin ein guter Lutheraner, gell, und an jedem Sonntag geht es in die Kirche.

Gemeindliches Engagement? Sehr schön und wünschenswert, aber auch leider mitunter von eigenem Geltungsbedürfnis gespeist und für sich genommen zumindest auch noch nichts Geistliches im engeren Sinn.

Die Wirkungen von Bibelsprüchen, die in unserem Leben Bedeutung gewonnen haben? Schon überzeugender, aber auch noch nichts wirklich von Gott Abhängiges

Gottvertrauen? Ein sehr gutes Zeugnis, das aber naturgemäß meist erst ein einer Leidenszeit zutage tritt.

All das sind zwar durchaus Dinge, die ein zeichenhaftes Christenleben begleiten sollten, aber – abgesehen vom Gottvertrauen natürlich – ist all dies auch ohne Gott möglich. Oder um es überspitzt zu formulieren: Wenn Gott einmal einige Wochen in Urlaub wäre, was würde sich in unserem Leben, in unserer Kirche ändern? Woran merken wir denn, dass es Gott gibt? Was erleben wir mit Gott, und was können wir der Welt bezeugen, was sie nicht selbst auch kann? Was ist in unserem Leben wirklich unmittelbar von Gott abhängig?

Es mangelt uns einfach an Lebensbereichen, wo wir wirklich unmittelbar auf Gott angewiesen sind – weil wir sie nicht von Gott abhängig machen, weil wir mit ihm im Alltag einfach meistens nicht rechnen. Ist es dann ein Wunder, wenn wir z.B. dann in eine tiefe Glaubenskrise stürzen, wenn uns etwas zustößt – Arbeitslosigkeit, Krankheit oder der Tod eines lieben Mitmenschen etwa? Plötzlich sind wir mit unserer Selbstsicherheit, unserer Moral, unserem „guten Leben“, unserer Konfessionszugehörigkeit, unserem Verstand gescheitert. Meist werden wir erst von tragischen Ereignissen gezwungen, uns mit Gott wirklich auseinanderzusetzen, mit dem Gott, der eben nicht nur unser lieber alter Onkel aus den Kindertagen ist, der für alles Verständnis hat und immer nur Gutes – natürlich in *unserem* Sinne Gutes – tut. Und sind wir erst einmal auf die Waffel geflogen, ist Gott natürlich schuld, der Ungerechte, der Böse, der das Leid ja offenbar doch zulässt, der uns eben *nicht* seine Gedanken und sein Handeln erklärt. Und, liebe Gemeinde, glauben Sie mir, dass ich weiß, wovon ich rede, habe ich doch selbst z.B. meine Eltern vor einigen Jahren unter tragischen Umständen verloren, und mein Arbeitsplatz ist mir auch noch volle zehn Tage sicher! Und dann?

Genauso schlimm ist aber ein Fatalismus, der alles, was uns zustößt, als den ausgesprochenen Willen Gottes bezeichnet. Da fällt mir das zugegebenermaßen recht banale Beispiel des Christen ein, dem beim Frühstück in seiner engen Küche ein Marmeladeglas aus dem Regal auf den Kopf fällt und der sich daraufhin mit schmerzverzerrtem Gesicht und Riesenbeule im Gebet fragt, was ihm denn der Herr damit sagen wollte. Und der Herr wollte ihm damit nur sagen, dass er künftig seine Marmeladegläser so ins Regal stellen sollte, dass sie ihm eben nicht auf den Kopf fallen! Vieles, was uns passiert, kommt eben nicht von Gott, sondern von der Welt oder uns selbst. Manche Ereignisse im Leben sollen uns korrigieren, ausbremsen, zum Innehalten zwingen, sind Hinweise, das Leben in eine andere Richtung zu lenken, sich selbst auf neue Wege zu begeben. Oft sind das Antworten auf Gebete von uns; aber können wir diese Antworten auch sehen oder hören, oder suchen wir die Gebetsantworten immer nur da, wo *wir* sie haben wollen? Was, wenn Gott uns helfen will, das aber eben anders tut, als wir gedacht haben?

Was also wollen wir bezeugen?

Oft mangelt es uns Christen auch schlichtweg an Offenheit untereinander. Wer mit anderen Christen über Glaubensprobleme oder -erfahrungen ins Gespräch kommen will, wird belächelt oder traut sich nicht, weil es sich dabei ja naturgemäß um sehr persönliche Dinge handelt, oder hält sich denn doch für zu „aufgeklärt“. So solches schon am grünen Holze geschieht, was will am dürren werden?

Aber auch die Theologie hilft uns da oft nicht weiter. Sie hat die Wunder, die Jesus nach der Schrift getan hat, weitestgehend abgeschafft, gibt oft lediglich noch zu, dass Jesus ein für seine Zeit unglaublich schlauer und mit großer Menschenkenntnis und Heilkunde ausgestatteter Mann war, – aber Wunder? Doch unabhängig davon, ob alle überlieferten Wunder wirklich so und nicht anders passiert sind: Von einer Theologie, die selbst keine Wunder mehr bezeugt – weder die damaligen, noch die heutigen –, kann man auch keine mehr erwarten. Auch der Geist Gottes als Voraussetzung für glaubwürdiges Zeugnis kommt nur selten vor, nämlich dann, wenn er gebraucht wird, etwa bei Gottesdiensten, bei Ordinationen, bei Taufen, Trauungen und Konfirmationen – da wird er selbstverständlich mit einkalkuliert, will nicht sagen, da wird über ihn verfügt. Vorher gefragt, ob er das Geschehen jetzt mit seinem Segen begleiten will, wird er jedoch nie, und auch wenn wir im Ernst eine Antwort von ihm erwarteten: könnten wir sie denn spüren, verstehen – und dann auch wirklich berücksichtigen? Wer geistliche Verantwortung trägt, muss auch die Möglichkeit haben, einmal etwas abzulehnen oder zu verweigern, wenn er es mit seinem Gewissen und seinem Amt nicht vereinbaren kann. Angenommen, ein Pfarrer würde eine Konfirmation oder eine Trauung verweigern mit der Begründung, der Geist Gottes habe es ihm untersagt! Was gäbe das nicht für einen Riesenskandal, wenn Gott einmal nicht so funktioniert, wie wir es haben wollen! So hat er auch keine Chance, einmal „nein" zu sagen, deswegen gibt es auch nichts zu erleben, deswegen gibt es vielfach auch nichts zu bezeugen.

Doch wir Menschen sind hungrig nach Erlebnissen und Erfahrungen übersinnlicher Art, und wenn Gott sie uns schon nicht gibt, dann suchen wir sie eben woanders oder machen sie uns selber. Der Esoterik-Boom der letzten Jahrzehnte ist ein deutliches Zeichen davon, dass wir tatsächlich „unheilbar religiös" sind. So haben auch die Kirchen die Sinnlichkeit wieder neu entdeckt. Ob es das Neuaufleben des Gebetes in Form der Litanei ist, wie wir es in Taizé erleben, allerlei Meditationsandachten, das zeremonielle Osterkerzenanzünden in der Osternacht oder die wirklich oder meist wohl nur vermeintlich geistgewirkten ekstatischen Zustände in den Gottesdiensten mancher Freikirchen – Erlebnishunger prägt den religiösen Markt; Gemeinschaften, in denen „nichts los" ist, haben kaum noch eine Chance. Aber Meditation bringt nicht automatisch Gotteserkenntnis, das Anzünden von Osterkerzen ist etwas anderes als das „hautnahe" Erleben von Ostern, und dass von einer großen Gruppe von Christen stundenlang gesungene Lobpreislieder zu einer guten und freudigen Stimmung führen, bedarf auch keiner geistlichen Erklärung.

Alles also nur Menschenwerk, ohne Gott, ohne Vollmacht?

Ganz so schwarz ist es dann wohl doch nicht. Immerhin kommen wir dabei zur Ruhe, können zu uns selbst und zum Frieden finden, was auch eine Stärkung bedeutet und durchaus geistgewirkt sein kann. Doch der Geist kommt meist auf leisen Sohlen, ist eher da, wo verstohlen eine Träne über die Wange rollt, als da, wo selbstgerechte Moralprediger und stets lächelnde Marketing-Evangelisten-Sonnyboys ihre rhetorischen Ergüsse ablassen. Auch die Wirkung und

Bedeutung, die Bibelworte in und auf unser Leben haben oder hatten, können wir anderen bezeugen und sie dadurch stärken oder sie zu weiteren Fragen anregen. Durch Gottvertrauen auch in den einfachen Dingen des Lebens können wir der Umwelt ebenfalls ein Zeichen sein, die z.B. nicht verstehen kann, warum ein Christ in bestimmten Situationen eben ruhig bleiben kann, wo andere bereits volle Panik schieben. Auch die Verschnaufpausen, die „Tankstelle", die das Gebet uns bietet, sind eine wichtige zeugnishafte Quelle, dass ein Mensch Frieden ausstrahlt – ohne dass die Umwelt zunächst weiß, warum. Woher nimmt mancher zum Beispiel die Kraft, nach einem anstrengenden Arbeitstag noch Krankenbesuche zu machen? Woher bekommen auch bestimmte geistliche Musikstücke, z.B. die großen Passionen Bachs, ihre ergreifende und ins Mark treffende Ausstrahlung? All das sind Dinge, mit denen wir tagtäglich vor unseren Augen und Ohren Zeugnis ablegen könnten.

Es gibt also viele Möglichkeiten des Zeugnisses. All unser Denken, Reden, Handeln, Bekennen und Vertrauen kann zum Zeugnis werden. Aber Vorsicht ist geboten.

Es gibt z.B. Gemeinschaften, die unter zeugnishaftem Leben eine relativ offensive, manchmal auch aggressive Missionstätigkeit verstehen. Ich möchte damit gar nicht grundsätzlich gegen Evangelisationsveranstaltungen, Auftritte in der Fußgängerzone, Bekenntnismärsche oder ähnliches reden. Doch mahne ich zur Behutsamkeit. Viele Menschen werden durch unsensible Bekehrungsversuche erst so richtig abgeschreckt, wenden sich dann erst recht vom Christentum ab.

Natürlich bezeugen wir auch, wie bereits eingangs erwähnt, durch ein ethisch anspruchsvolles Leben. Das bedeutet aber nicht Moralismus! Ich sehe nicht ein, warum z.B. „Huren", Homosexuelle, „Junkies" oder „Penner" schon von vornherein von Gott verstoßen sein sollen. Auf alle Fälle haben wir kein Recht, solche Menschen zu richten oder zu verurteilen – der Balken in unserem eigenen Auge ist dafür immer noch zu groß. Aber wer sich mit dem vermeintlich zweifelhaften Zeugnis anderer beschäftigt, tut dies oft deswegen, um selber keines geben zu müssen! Wir müssen gewaltig auf der Hut sein, dass wir Gott nicht zum Staatsanwalt unserer eigenen Gesetze und Vorstellungen machen! Und dass die Bibel für so ziemlich alles eine Begründung abgeben kann, zeigt die Kirchengeschichte nur allzu deutlich. Kriege wurden für heilig erklärt,

Waffen und Panzer wurden gesegnet, aber Geschiedene oder schwule Liebespaare?

Damit sind wir an einem ganz besonderen Punkt angekommen. Eine zutiefst menschliche Voraussetzung für das Bezeugen des Glaubens ist unsere eigene *Glaubwürdigkeit*. Nur wer mit sich selbst im Reinen ist, nur wer sich sich selbst stellt, nur wer Schwächen zugibt, nur wer so handelt, wie er redet, wer zu eigenen Fehlern ganz offen steht, der ist glaubwürdig. Dabei möchte ich vor dem Druck, als Christ immer souverän lächelnd durchs Leben zu gehen, immer sozial, beruflich, privat und – natürlich – geistlich erfolgreich sein zu wollen, ausdrücklich warnen. Glaubwürdiges Leben heißt, nicht dauernd vor sich selber zu fliehen, heißt gerade in der Kirche, sich nicht hinter Ämtern, Funktionen, Gesetzen und Vorschriften zu verstecken. Und hier ließen sich viele Beispiele anführen, auch hier aus dieser Stadt. Glaubwürdig sein kann die Kirche aber nur dort, wo sie auch glaubwürdige Mitarbeiter hat. Ich habe neulich in der Zeitung gelesen, dass der Kreisvorsitzende einer christlichen Partei wegen Mietwuchers zu einer Geldstrafe von 45.000,- DM verurteilt wurde. Und wenn sich zwei hochrangige kirchliche Bedienstete in meiner Gegenwart gegenseitig anschreien, sie sollten sich gefälligst in kirchlichem Gebäude auch kirchlich benehmen, dann denke ich mir schon meinen Teil. Glaubwürdigkeit? So wird das natürlich nichts mit „Licht der Welt und Salz der Erde"! Demut kommt in der Kirche nach meiner Erfahrung meist nur dort vor, wo man sie von anderen verlangt. Aber wo noch nicht einmal einfach menschliche Glaubwürdigkeit ist, also etwas, was auch die überzeugtesten Atheisten leben können, da ist man auch buchstäblich des Glaubens nicht würdig. Der Glaube an Gott ist eine Gabe des Geistes, die er uns nicht noch per Einschreiben hinterher trägt. Es ist an uns selbst, nicht durch eigene Leistung oder geistliches Abmühen uns den Glauben zu erarbeiten, sondern durch demütige Glaubwürdigkeit uns bereit zu machen, ihn überhaupt empfangen zu können – so wie es die Jünger Jesu taten, als sie die Zeit zwischen der Himmelfahrt Jesu und der Ausgießung des Geistes zur inneren Vorbereitung auf dieses Ereignis nutzten. Und Demut heißt „Mut zum Dienen", nicht zum Herrschen oder Macht Ausüben. Dazu braucht man keinen Mut!

„Kredit" – dieses uns nur allzu geläufige Wort kommt aus dem Lateinischen und bedeutet „Glaube". Das heißt, nur demjenigen, dem wir glauben, der uns – zumindest in finanzieller Hinsicht – glaubwürdig erscheint, vertrauen wir unser

Geld an. Ähnlich ist es mit Gott. Die Jünger Jesu waren alles andere als perfekte Christen. Aber sie haben in Geduld gewartet. Sie haben in der Zeit des Wartens auch nicht einfach die Hände in den Schoß gelegt, sondern sie haben sich durch gemeinsame Gebetszeiten und gottesdienstliche Treffen sowie durch die Regelung anstehender Probleme wie die Nachwahl des Apostels Matthias für den verstorbenen Judas auf Pfingsten vorbereitet. So war die Zeit des Wartens sinnvoll erfüllt. So sind die Jünger gewissermaßen auf der richtigen Linie geblieben. „Geduld aber ist euch not, auf dass ihr den Willen Gottes tut und das Verheißene empfangt“, heißt es im Hebräerbrief (Hebr. 10, 36). Und seinen Geist und dessen Gaben vertraut Gott nur Menschen an, die sich vor ihm glaubwürdig und treu verhalten. Und der Christenheit ist seit der Zeit Christi nichts Schlimmeres passiert als sie selber, als ihr eigenes unglaubwürdiges Zeugnis. Und das waren nicht nur Leute wie Konstantin, der zum ersten Mal in der Geschichte einen Krieg im Zeichen des Kreuzes geführt und gewonnen hat, oder die Inquisition, das waren oft auch die vielen kleinen unbedeutenden Christen, die sich ihren kleinen und unbedeutenden Aufträgen Gottes geschickt und scheinbar aus absolut verständlichen Gründen entzogen haben. Ich kann jetzt meinen kranken Nachbarn oder Berufskollegen nicht besuchen, denn schließlich habe ich selbst viel Stress; oder: Ich werde mal sehen, was ich für Sie tun kann – was im Klartext meistens so viel heißt wie: Lassen Sie mich in Ruhe!

Liebe Gemeinde, in diesem Zusammenhang gebe ich auch gerne zu, dass dies durchaus ein Punkt ist, bei dem ich mich zu oft auch noch an die eigene Nase fassen muss.

Warum bezeugen wir eigentlich?

Jesus hat es uns selbst geboten und verheißen; das haben wir im Predigttext so gehört. Das heißt, das Zeugnis, das wir von unserem Leben mit Gott abgeben, soll zur Auferbauung der Mitmenschen und damit zur stückweisen Errichtung des Reiches Gottes dienen. Aber wollen wir wirklich immer Gott ehren, wenn wir Zeugnis geben? Manche Christen drücken ihren Mitmenschen das Zeugnis von Gott mit der Sensibilität eines Trampels bei jeder passenden oder unpassenden Gelegenheit aufs Auge. Natürlich sollen wir bekennen unabhängig davon, ob es zur Zeit oder zur Unzeit ist (2. Tim. 4, 2), aber unseren Verstand dürfen wir schon auch noch mit verwenden, um zu entscheiden, *wie* ein Zeugnis jetzt gegeben werden soll. Viele Christen bezeugen einfach dadurch, dass sie jahrelang einfach gar nichts tun – und plötzlich darauf angesprochen werden, dass sie in all der Zeit ihre Mitmenschen durch ihre Art und fröhliche und friedvolle Ausstrahlung beeindruckt haben, ohne es selbst zu wissen. Wichtig aber ist und bleibt, dass wir beim Zeugnisdienst nicht uns selber, unser ach so vorbildliches Leben, unsere tiefe Glaubensweisheit, unsere ewig lange, lange geistliche Erfahrung – oder gar unser Theologiestudium heraushängen lassen. Bescheidenheit und Demut sind auch hier von höchster Wichtigkeit. Nicht wir selbst sind Gegenstand des Zeugnisses, sondern Gott. Und nur ein aus lauterem Herzen gegebenes Zeugnis wird Gott auch segnen – und den Zeugen selbst ebenfalls!

Und ... warum bezeugen wir manchmal eigentlich *nicht*?

Was aber hindert uns so oft daran, Zeugnis abzulegen? Wie oft ist es nicht einfach Faulheit, die Angst davor, Schwierigkeiten zu bekommen, Bequemlichkeit oder die Unlust, mit einer Diskussion anzufangen? Selbst wenn wir etwas zu bezeugen haben, entziehen wir uns nur allzu gerne der Verantwortung. Dabei haben wir heute und hier meist nichts weiter zu befürchten, als dumm angeredet zu werden! Wenn uns *das* schon ernsthaft „kratzt", was sollen wir zu den Millionen von Christen sagen, die wegen ihres Glaubens verfolgt und umgebracht wurden und werden – wohlgemerkt, nur weil sie sich zu Jesus als ihrem Herrn bekannten und bekennen? Wieso haben weltliche Gründe, unsere Trägheit, unsere Bequemlichkeit so viel mehr Gewicht für unsere Entscheidungen als der Wille Gottes und die Erfordernisse seines Reiches? In der Bergpredigt lesen wir, dass wir uns zuerst um das Reich Gottes und seine Gerechtigkeit sorgen sollen, dann wird uns alles, was wir zum Leben brauchen, mitsamt dem Segen des Herrn gegeben werden.[12] Nicht ist die Entscheidung: Welt oder Gott, sondern wer sich für einen auch noch so geringen Dienst an Gott entscheidet, sorgt damit auch indirekt für ein gutes Stück der weltlichen Grundlage seines irdischen Lebens.

---

[12] Matth. 6, 33.

Liebe Gemeinde, ich möchte Sie bitten, in diesem Sinne in der nächsten Zeit mit wachsamem Herzen durch ihr Leben zu gehen. Und wenn Ihr Gewissen Ihnen sagt, in einem bestimmten Moment oder in einer bestimmten Situation Ihren Glauben und Ihre Erfahrungen mit ihm zu bekennen, dann tun Sie es – und tun Sie es beherzt und getrost, denn der Herr wird mit Ihnen sein!

Pfingsten – der Geburtstag der Kirche?

Und als der Pfingsttag gekommen war, waren sie alle an einem Ort beieinander. Und es geschah plötzlich ein Brausen vom Himmel wie von einem gewaltigen Wind und erfüllte das ganze Haus, in dem sie saßen. Und es erschienen ihnen Zungen, zerteilt wie von Feuer; und er setzte sich auf einen jeden von ihnen, und sie wurden alle erfüllt von dem Heiligen Geist und fingen an zu predigen in andern Sprachen, wie der Geist ihnen gab auszusprechen.
(Apg. 2, 1-4)

Zentrale Feste des Kirchenjahres stellen mitunter hohe Anforderungen an die Abstraktionsfähigkeit der Gläubigen. Während Weihnachten als Geburtstag Jesu noch einigermaßen von unserem Vorstellungsvermögen erfassbar ist, sieht das bei Ostern und Pfingsten schon anders aus. Geburten haben die meisten Menschen schon erlebt, und auch Todes- bzw. Mordfälle, wie an Karfreitag, prägen unseren Alltag – wenngleich meist nur über das Fernsehen. Mit Ostern und Pfingsten sieht das schon anders aus. Diese Feste haben keinen Anknüpfungspunkt in unserem Leben, nichts Alltägliches, auf das sie Bezug nehmen könnten.

Wirklich nicht?

Pfingsten wird vielfach als „Geburtstag der Kirche“ bezeichnet. Dieses Verständnis geht auf das Pfingstereignis zurück, wie es in der Apostelgeschichte beschrieben wird: Der Heilige Geist wird auf die Jünger ausgegossen, und in der Folge ereignet sich eine beispiellose Gemeindewachstumswelle. Der Geist Gottes stiftet also die christliche Gemeinde, also nach unserem heutigen Verständnis eben die Kirche.

Unter allen hohen Festen des Kirchenjahres ist jedoch leider ausgerechnet dieser Feiertag in der Regel derjenige mit den wenigsten Kirchenbesuchern. Das mag daran liegen, dass der Heilige Geist so etwas Unnahbares, Flüchtiges, buchstäblich Unfassbares hat. Anscheinend nicht sichtbar, nicht fühlbar und nicht messbar wabert er wie einst der „Äther“ der Alchimisten durch Kirche und Religion, ohne irgendwelche fassbaren „Wechselwirkungen“ mit dem realen Leben. Manchmal hat man fast den Eindruck, als sei der Heilige Geist so etwas wie ein Garant für kirchliche Ansprüche: Wir „haben“ den Geist, also sind diese oder jene Christen oder Amtsträger automatisch etwas „Heiligeres“ als andere Menschen. Wir handeln aus dem Geist, also sind alle kirchlichen Amtshandlungen, also Taufen, Trauungen, Abendmahl etc. schonmal grundsätzlich vom

Geist getragen. Dem Geist wird zwar grundsätzlich und theoretisch zugebilligt, dass „er weht, wo er will", aber in der Praxis wird doch selbstverständlich davon ausgegangen, das er in der verfassten Kirche sozusagen von Amts wegen fraglos zu wehen hat, Punkt. Denn eine Möglichkeit, Vorhandensein oder gar Stärke der „Geistesgegenwart" zu beurteilen, hat die Kirche nicht – eigentlich ein bitteres Eingeständnis.

Und genau hier liegt der Hund begraben. Während Geburt und Tod im normalen Menschsein regelmäßig wiederkehrende Ereignisse und uns als solche auch vertraut sind, offenbaren sich Ostern und Pfingsten nicht durch theologische Glaubenssätze, sondern nur dadurch, dass sie *gelebt* werden, dass sie an ihren Folgen *sichtbar* und *erfahrbar* werden. Wo Auferstehung, Erlösung und Freiheit in Liebe nicht erfahrbar gelebt werden, ist kein Ostern geschehen. Und wo der Geist Gottes nicht spürbar, fühlbar und erfahrbar wird, hat Pfingsten nicht stattgefunden – daran kann keine Theologie der Welt etwas ändern.

Woran erkennt man aber nun das Wehen des Heiligen Geistes? Der Apostel Paulus beschreibt an mehreren Stellen die sogenannten „Früchte des Geistes", also unmittelbare Folgen seines Vorhandenseins und Wirkens. In Galater 5, 22 nennt er etwa „Liebe, Friede, Freude, Sanftmut, Geduld und Freundlichkeit" solche Früchte. Nun soll man bitte nicht so tun, als seien diese Früchte nicht einigermaßen objektivierbar und bei gutem Willen auch von außerhalb der Kirche feststellbar. Wo Kirchenrecht über individuelle Lebensperspektiven gestellt wird, wo Menschen wegen ihrer sexuellen Orientierung verdammt werden, wo Prinzipienreiterei Existenzen vernichtet, wo die Befolgung von Gottes Geboten zu lieblosem Legalismus entartet, da weht der Heilige Geist ganz bestimmt nicht. „Wo der Geist des Herrn ist, da ist Freiheit", schreibt Paulus an anderer Stelle. Freiheit vor Gott hat uns Jesus Christus in der Auferstehung erworben, und der Geist Gottes befähigt uns dazu, diese Freiheit in Verantwortung zu leben.

Welche Kirche feiert denn nun heute Geburtstag? Die römisch-katholische, die evangelische, die orthodoxe? Ich traue mich heute, an dieser Stelle zu sagen: keine der genannten Kirchen beruft sich in ihrer Gänze zu Recht auf Pfingsten als ihren Geburtstag. Eine einzige Kirche darf heute feiern: die Gemeinschaft derjenigen, die ihren Glauben nicht auf Tradition und menschliche Strukturen bauen, sondern auf den lebendigen, Leben schaffenden und liebenden Gott. Und diese Gemeinschaft – Paulus nennt sie den Leib Christi – gibt es in allen Kirchen und womöglich auch außerhalb. Man erkennt sie daran, dass man dort als Mensch angenommen ist, wie man ist. Man erkennt sie daran, dass man dort bedingungslos wertgeschätzt wird. Man erkennt sie daran, dass man wohlwollend und nicht herablassend kritisiert wird. Man erkennt sie an einer echten Herzlichkeit. Man erkennt sie daran, dass Gottes geistliche Gnadengaben in ihr gepflegt und gelebt werden. Man erkennt sie daran, dass Gottes Gegenwart in ihr spürbar und erlebbar wird.

Der Geist Gottes weht nicht zwischen den Buchdeckeln theologischer Literatur, er weht nicht auf Kommando, wenn es die Kirche gerade so braucht, er weht nicht, weil eine Heerschar gläubiger Schafe einfach davon ausgeht. Er weht, wo er will, *und er will nur da wehen, wo die Auswirkungen seines Wehens auch willkommen sind.*

Das Wirken des Geistes zu erleben, macht Christsein spannend und faszinierend. Sich ganz auf den Geist Gottes einzulassen, nimmt natürlich die Sicherheit von traditionellen kirchlichen Strukturen, Glaubenssätzen und Autoritäten, die einem die göttliche Wahrheit verkünden.

Aber es nimmt noch etwas, nämlich Sie und mich als Mensch *ernst*!

In diesem Sinne: herzlichen Glückwunsch, Kirche Gottes!

Feuer und Flamme

Aber als Jesus das erfuhr, entwich er von dort. Und eine große Menge folgte ihm, und er heilte sie alle und gebot ihnen, dass sie ihn nicht offenbar machten, damit erfüllt würde, was gesagt ist durch den Propheten Jesaja, der da spricht (Jesaja 42,1-4):
»Siehe, das ist mein Knecht, den ich erwählt habe, und mein Geliebter, an dem meine Seele Wohlgefallen hat; ich will meinen Geist auf ihn legen, und er soll den Heiden das Recht verkündigen. Er wird nicht streiten noch schreien, und man wird seine Stimme nicht hören auf den Gassen; das geknickte Rohr wird er nicht zerbrechen, und den glimmenden Docht wird er nicht auslöschen, bis er das Recht hinausführt zum Sieg; und die Heiden werden auf seinen Namen hoffen. *(Matthäus 12, 15-21)*

Die Einen oder Anderen werden sich vielleicht wundern, weshalb ich heute über diesen Text predige. Was hat das mit Pfingsten zu tun? Dabei ist die Antwort eigentlich simpel. Betrachten wir doch einmal zunächst das Geschehen selbst: Der Geist setzte sich bekanntlich in zerteilten Zungen wie Feuerflammen auf einen jeden der Jünger. Unabhängig davon, ob dies nur metaphorisch umschrieben oder tatsächlich so geschehen ist: Die innere Nähe von „Geist“ und „Feuer“ ist unbestreitbar. Wenn wir von etwas „begeistert“ sind, dann sind wir „Feuer und Flamme“, wir „brennen für etwas“ oder wir sind von „brennender Leidenschaft“ getragen. Dass der Geist sich also in Form von Feuerzungen versinnbildlicht, ist eigentlich logisch: Die Jünger „brannten vor Liebe zu Jesus Christus“ und sie waren „voll glühender Leidenschaft“.

Beneidenswerte Jünger!, denken wir vielleicht, bei denen war es ja auch keine Kunst; die hatten doch Jesus noch leibhaftig erlebt! Doch wenn wir genau hinsehen, wird das Bild brüchiger: Gerade der Oberwortführer der Jünger, Petrus, war nicht gerade ein besonderer Held in der Nacht vor Jesu Tod, kein brennender, sondern ein schüchtern glimmender Docht. Und Jesus selbst? Er hatte die Schwachen und die Zweifler nicht vergessen. Er war der Heiland derer, die um den Glauben rangen, nicht derer, die ihn schon längst gefunden zu haben glaubten. Wenn also ER den glimmenden Docht nicht auslöscht und das zerknickte Rohr nicht zerbricht, dann ist das damals wie heute eine Zusage an uns Menschen, dass er auch an *die* Menschen glaubt, in denen nur noch ein *Funken* Hoffnung, ein *Funken* Vertrauen auf Gott glimmt.

Das Problem ist jedoch, dass heutzutage glimmende Dochte und geknickte Rohre weithin den Normalfall darzustellen scheinen. Seit sich die Kirchen nicht mehr auf das stabilisierende Moment staatlicher Macht oder des Traditionsbewusstseins der Bevölkerung verlassen können, wird weithin offenbar, dass die meisten Christinnen und Christen anscheinend nicht gerade von brennender Leidenschaft für ihren Glauben erfüllt sind.

Ich möchte es mit einem Bild sagen. Erinnern Sie sich doch einmal an die letzte Osternacht, insbesondere an jene Stelle des Gottesdienstes, an der die Teilnehmer(innen) nach vorne kommen und an der Osterkerze ihr Teelicht anzünden. Manche dieser Lichter brauchen einen zweiten Versuch, bis sie sich vom glimmenden Docht zur brennenden Kerze „durchgerungen" haben; andere wiederum entzünden sich sofort. Doch letztlich brennen alle und die Kirche erstrahlt im Glanz der weit über hundert Flammen, die Licht und Wärme geben und durch ihr Flackern und Zucken wie lebendig wirken.

Stellen Sie sich aber nun bitte vor, eigentlich würde niemand im Ernst erwarten, dass diese Teelichte tatsächlich zu brennen beginnen, und alle wären froh und zufrieden, mit glimmenden Dochten auf ihre Plätze zurückzukehren. Das gäbe eine freudvolle Osternacht, ein unvergleichliches Licht! Zufällig vorbeikommende Passanten würden den Kopf schütteln und vielleicht belustigt fragen, was wir hier für Funzeleien veranstalten. Als Licht würde das keiner ernstnehmen.

Damit sind wir bei des Pudels Kern. Natürlich sind glimmende Dochte besser als gar kein Licht, aber ein Haufen Lichter, deren Dochte nur glimmen, hilft nicht wirklich viel, um einen Raum zu erhellen. Genauso ist es mit der Kirche: Ein Licht stellt man nicht unter einen Scheffel, sondern auf einen Leuchter – aber wenn das Licht nur eine glimmende Kerze ist, ist das einfach nur noch peinlich. Was mich vielfach in unserer Kirche betrübt ist, dass quasi per Definition alle Dochte gefälligst nur zu glimmen haben – schließlich sind wir ja alle gleichermaßen Sünder – und dass es keiner brennenden Kerze einfallen darf, einer anderen zu sagen, dass sie ja nur glimmt, denn das ist ja arrogant, überheblich und anmaßend. Und überhaupt: Woher will eine brennende Kerze wissen, dass eine andere nur glimmt? Welche Kerze darf das beurteilen? Antwort: Jede! Und sie *muss* es auch beurteilen, denn wie sonst könnten glimmende oder gar erloschene Kerzen erkannt und wieder entzündet werden?

Glaubensstarke Menschen haben die Aufgabe, glaubensschwache zu stärken und zu stützen, denn nur so „trägt einer des anderen Last". Doch vielfach sehe ich, dass sich die Glaubensstarken und die Glaubensschwachen voneinander abkapseln; diese sammeln sich dann nicht selten in irgendwelchen vor Selbstgerechtigkeit strotzenden Hauskreisen, während jene hingegen in vereinsamter Ratlosigkeit versinken oder in überzogenem Traditionsbewusstsein Heil und Sicherheit suchen. Es kann aber doch nicht sein, dass Glaubensstarke nur noch skeptisch beäugt werden, weil es ja keine Unterschiede zwischen den Christen geben darf, und Glaubensschwache sich aus Verzweiflung dann ihren Gott aus dem basteln, was „schon immer so war", oder sich gar vom Pfarrer die theologisch sicher einwandfreie Solidarisierung in ihrer Ratlosigkeit abholen, nach dem Motto: Sie haben Glaubensprobleme? Macht nichts, ich auch!

Es ist Sinn glimmender Dochte, wieder zum Brennen zu kommen. Dazu müssen brennende und glimmende Kerzen aber wieder mehr zueinander finden. Dabei brauchen die glimmenden nichts als den „brennenden" Wunsch nach Feuer, während die brennenden die freudvolle und demütige Bereitschaft benötigen, ihr Feuer weiterzugeben. Denn wer nicht andere entflammt, muss den ganzen Raum selbst ausleuchten und wird daran scheitern. Wer andere nicht entflammt, hat niemanden, der ihn wieder entzündet, wenn er einmal selbst nur noch schwach glüht. Es ist Aufgabe aller „Kerzen", sich gegenseitig am Brennen zu halten. Das ist Sinn und Zweck christlicher Gemeinde! Wenn jedoch das schwache Glimmen allgemein akzeptierter Normalfall ist, also das relativ blutleere Gewohnheitschristentum ohne nennenswerte Praxisrelevanz das Bild und das Selbstverständnis von Kirche prägt, werden brennende „Kerzen" sich darin komisch vorkommen. Haben wir doch endlich den Mut, uns vom brennenden Glauben anderer Mitchristen wieder neu entzünden zu lassen, und die Demut, unsere brennende Flamme sorgsam vor dem Ausgehen zu bewahren!

An einem Punkt hinkt das Bild jedoch. Je heller eine Kerze brennt, desto rascher geht sie aus, weil der Brennstoff versiegt. Von wegen „*Wachs*"kerzen – sie schrumpfen alle statt zu wachsen! Bei „brennenden" Christen ist das anders: Je heller sie brennen, desto mehr Brennstoff haben sie in der Regel auch. Christen sind „Kerzen", die das Brennen üben und pflegen müssen, damit ihnen der Brennstoff nicht ausgeht. Alle Kerzen bekommen von Gott genug Wachs, um nach und nach helle Flammen zu entwickeln.

Pfingsten ist also nicht nur ein Fest des Geistes, sondern auch ein Fest der Gemeinde! Flammende Leidenschaft, brennende Liebe und glühende Hingabe sind nur möglich, wenn die *Gemeinde* dafür sorgt, dass die glimmenden Dochte nicht erlöschen, sondern wieder entflammt werden. Eine Gemeinde leuchtet umso heller, je mehr ihrer Glieder „Feuer und Flamme“ sind für unseren Herrn und Heiland Jesus Christus. Haben wir doch einfach Mut zu brennen, Andere zu entflammen und mit ihnen gemeinsam alle Anfechtungen durchzustehen, die sie oder uns zu nur noch glimmenden Dochten machen wollen! Jawohl, das ist mir ein brennendes Anliegen, dafür bin ich Feuer und Flamme!

Menschenfischer

Danach offenbarte sich Jesus abermals den Jüngern am See Tiberias. Er offenbarte sich aber so:
Es waren beieinander Simon Petrus und Thomas, der Zwilling genannt wird, und Nathanael aus Kana in Galiläa und die Söhne des Zebedäus und zwei andere seiner Jünger. Spricht Simon Petrus zu ihnen: Ich will fischen gehen. Sie sprechen zu ihm: So wollen wir mit dir gehen. Sie gingen hinaus und stiegen in das Boot, und in dieser Nacht fingen sie nichts. Als es aber schon Morgen war, stand Jesus am Ufer, aber die Jünger wussten nicht, dass es Jesus war. Spricht Jesus zu ihnen: Kinder, habt ihr nichts zu essen? Sie antworteten ihm: Nein. Er aber sprach zu ihnen: Werft das Netz aus zur Rechten des Bootes, so werdet ihr finden. Da warfen sie es aus und konnten's nicht mehr ziehen wegen der Menge der Fische.
Da spricht der Jünger, den Jesus lieb hatte, zu Petrus: Es ist der Herr! Als Simon Petrus hörte, dass es der Herr war, gürtete er sich das Obergewand um, denn er war nackt, und warf sich ins Wasser.
Die andern Jünger aber kamen mit dem Boot, denn sie waren nicht fern vom Land, nur etwa zweihundert Ellen, und zogen das Netz mit den Fischen. Als sie nun ans Land stiegen, sahen sie ein Kohlenfeuer und Fische darauf und Brot. Spricht Jesus zu ihnen: Bringt von den Fischen, die ihr jetzt gefangen habt! Simon Petrus stieg hinein und zog das Netz an Land, voll großer Fische, hundertdreiundfünfzig. Und obwohl es so viele waren, zerriss doch das Netz nicht. Spricht Jesus zu ihnen: Kommt und haltet das Mahl! Niemand aber unter den Jüngern wagte, ihn zu fragen: Wer bist du? Denn sie wussten, dass es der Herr war. Da kommt Jesus und nimmt das Brot und gibt's ihnen, desgleichen auch die Fische.
Das ist nun das dritte Mal, dass Jesus den Jüngern offenbart wurde, nachdem er von den Toten auferstanden war. *(Joh. 21, 6)*

Viele Gute Gedanken gab und gibt es zu diesem Text. Man kann über den Segen nachdenken, den die Anwesenheit Jesu über die Jünger gebracht hat, oder über die Zahl der Fische, denn die Zahl 153 hatte im Altertum eine große symbolische Bedeutung, z.B. als Zeichen der Erfüllung des Heilswirkens Gottes. Auch das Fischen an sich als Zeichen der Gewinnung von Menschen für Christus ist eine gängige Auslegung, denn schließlich hat Jesus selbst gesagt: „Folgt mir nach, ich will euch zu Menschenfischern machen!“ (Mt. 4, 19) Ich möchte heute genau hier „andocken“, dabei aber das Augenmerk noch auf ein kleines Detail des Bibeltextes richten.

Es mag uns heute als Zufall erscheinen, dass die Jünger ausgerechnet auf der rechten Seite des Bootes die ganzen Fische gefangen haben sollen. Rationalisten würden nun vielleicht argumentieren, Jesus habe von seiner Perspektive am Ufer des Sees Genezareth aus den Fischschwarm gesehen, den die Jünger im Boot nicht erkennen konnten, was ich für unglaubwürdig halte. Nein, hier geht es um eine Doppeldeutigkeit des Wortes „rechte“. Wir benutzen im Deutschen das

Wort „recht“ auch im Sinne von „richtig“, was auch in anderen Sprachen so üblich ist, wenn es nicht gar für „rechts“ und „richtig“ sowieso nur ein einziges Wort gibt. Wenn wir uns diesen Gedanken für ein paar Momente zu eigen machen, bekommt der Text eine ganz neue Dimension.

Es war der Broterwerb, also sozusagen der zentrale Lebensinhalt der Jünger, zu fischen. Wir benutzen dafür das Wort „Beruf“. Beruf hängt aber wiederum mit Berufung zusammen. Die Jünger waren und sind dazu berufen, Menschen zu fischen. Es ist das zentrale Lebensanliegen, buchstäblich eine Lebensnotwendigkeit aller Jüngerinnen und Jünger, Menschen zu Jesus Christus zu führen. Wohlgemerkt, nicht als Verpflichtung – die berühmte „Christenpflicht“ –, sondern als innerer Auftrag nach dem Motto „Wes das Herz voll ist, des geht der Mund über“ (Matth. 12, 34). Wenn wir das Leben der Apostel nach Pfingsten anschauen, so finden wir genau das: Sie reisten in praktisch der ganzen damaligen Welt umher, um das Wort Gottes zu verkündigen, Gemeinden zu bauen und in Gottes Kraft Heil zu wirken.

Aber zurück zur „rechten Seite“: Wenn Christen ihr geistliches Netz nicht auf der richtigen Seite auswerfen, müssen sie sich nicht wundern, wenn sie nichts fangen. Was bedeutet das?

Beobachten wir noch einmal kurz die Missionstätigkeit der Apostel, wie sie uns in der Apostelgeschichte überliefert ist. Sie stellten sich nicht einfach irgendwo hin und fingen zu predigen an, sondern sie suchten sich Synagogen oder andere Gebetsstätten, wo sie damit rechnen konnten, Gehör zu finden. Aber auch das Leben und Wirken Jesu selbst lässt solches Verhalten erkennen: Auch er hielt sich dort auf, wo die Suchenden und Betenden waren, nicht dort, wo die „Satten“ und Selbstzufriedenen hausten. Auch er berief seine Jünger nach langem Beten, als ihm von Gott gezeigt wurde, wer bereit wäre, ihm bedingungslos zu folgen.

Wie wäre es, wenn wir uns dies heutzutage auch als Handlungsmaxime zu eigen machten? Kirche gibt oft Antworten auf Fragen, die nicht gestellt werden. Allzu satte Christen (-gemeinden) versuchen Leute zu bekehren, die Gott gar nicht suchen. Meiner ganz persönlichen Erfahrung nach ist es in der Tat am effizientesten, solche Leute zu Gott zu bringen, die ihn auch tatsächlich suchen. Das mag sehr platt und einfach erscheinen, ist aber ein Prinzip, das sich praktisch durch die ganze Wirksamkeit Jesu und seiner Apostel hindurchzieht.

Will ich jetzt im Ernst das Missionieren quasi verbieten? Nein, das will ich natürlich nicht. Auch ich weiß natürlich, dass Menschen durch spontane Begegnungen mit Bekennern zu Suchern und später zu Christen wurden. Der „Standardweg“ ist dies jedoch nicht und erfordert auch keine flächendeckenden Missionskampagnen.

Wie aber fischen wir heute „auf der rechten Seite“? Wir können uns im geistlichen Gebet leiten lassen, dorthin zu gehen, wo wir mit Suchenden zusammentreffen – im Bus, in der Arbeit, im Freundeskreis oder wo auch immer. Das verlangt von uns aber auch ständige Verfügbarkeit! Was nützt eine stundenlange Heftchenmission in der Fußgängerzone, während ein Freund darauf wartet, endlich bei uns sein Herz ausschütten zu dürfen, wenn eine Bekannte uns von Gott jetzt geschickt würde und jetzt offen wäre für die frohe Botschaft?

Natürlich wäre unser Wirken weniger berechenbar, weniger planbar. Aber wäre es nicht eine große Entlastung für uns, wenn wir nicht, wie viele von uns, weniger feste „Zeugnisdienstzeiten“ hätten, die oft genug nur unsere Freizeit fressen und letztlich nur unserem reinen Gewissen dienen, sondern einfach in unserem Alltag die Gelegenheiten nutzten, die uns Gott schenkt? Dazu müssten wir jedoch unser inneres Hören trainieren, das uns leitet.

Auf der falschen Seite zu fischen kann bedeuten, die Fische zu verscheuchen. Ich gestehe, dass mich viele Christen mit ihren geistlichen Anbagger-Versuchen eher abschrecken, und ich kenne einige Leute, denen es ähnlich geht und ging. „Ja, aber wenn auch nur eine Seele dadurch gerettet würde?“, mag nun mancher einwenden, „dann hätte sich doch das alles mehr als gelohnt!“ Gewiss! Und wenn in demselben Aufwasch mehrere Dutzend Menschen, die vielleicht auf der Suche gewesen wären, durch die Art und Weise vom Christentum abgestoßen werden? Ist dann damit der Aufwand auch gerechtfertigt?

Wir sehen: Die Sache mit der rechten Seite ist gar nicht so einfach. Es braucht ständige Verfügbarkeit, eine Haltung des demütigen, betenden Hörens und Glaubwürdigkeit. Ich muss hier immer an das Beispiel einer Freundin denken, die einige Zeit bei sehr entschiedenen Christen zur Miete wohnte. Deren Leben aber war auch nach sehr weltlichen Maßstäben moralisch äußerst fragwürdig und selbstgerecht. Aber zur genannten Freundin, die zum damaligen Zeitpunkt keine Christin war, wurde wortwörtlich gesagt, sie brächten diese auch noch einmal so weit, dass sie sich taufen ließe. Ist das die „rechte Seite“? Hier wird Mission zum Wettbewerb, zum Volkssport, gerade so, als bekäme man eine Art göttlicher Provision für jede bekehrte Seele! Dass meine Freundin daraufhin vom Christentum erstmal die Nase voll hatte, war klar – aber eben nicht wirklich im Sinne des Erfinders.

Nur auf der „rechten Seite“ zu fischen, gebietet übrigens auch die Achtung und der Respekt vor den Mitmenschen und deren Mündigkeit und Freiheit. Jesus Christus achtet das verschlossene Herz, weil er weiß, dass eine Seele buchstäblich reif zur Ernte sein muss, wenn sie reif für ihn sein soll. Es ist nicht unsere, sondern Gottes Sache, wann ein Mensch zum Glauben findet. Was Gott aber dazu braucht, sind stets bereite Diener, die sich in diesen lichten Momenten anderer Menschen von ihm gebrauchen lassen. Wenn wir alles unterm Strich betrachten, sind wir wieder bei der Liebe Gottes angekommen: Die Liebe zu Gott gebietet es uns, uns ihm demütig unterzuordnen, auf IHN und SEINEN Willen zu achten, auch und gerade im Zeugnis, im Bekenntnis und in der Verkündigung. Wir dürfen die Liebe Gottes weitergeben, und das bedeutet, dass wir unsere Liebe zu unseren Mitmenschen auch darin äußern, dass wir deren Überzeugungen und religiöse Werte zuallererst einmal achten, statt sie mit mehr oder weniger Gewalt zu bekehren.

Mit anderen Worten: Machen wir es wie die Jünger: Hören wir auf die Weisung unseres Herrn und fischen wir auf der „rechten Seite“, dann werden wir reichen Fang haben, und wir können darauf vertrauen, dass unser Netz nicht reißen wird, also die Gemeinde Gottes all diese Menschen auch fassen kann.

Gott segne unser Fischen – und unser Netz!

Themen-gebundene Einzel-predigten

Glauben schenken[13]

Gott ist so weit weg von uns – so zumindest das Gefühl vieler Menschen, nicht nur von Ungläubigen, sondern auch und gerade von Christen. Und leider gibt es auch in der Bibel immer wieder Stellen, die nahelegen, dass Gott sich vor uns verborgen hält oder nichts mit uns zu tun haben will. Eine der rätselhaftesten Stellen in der Bibel ist Römer 9, 16, wo geschrieben steht: „So liegt es nun nicht an jemandes Wollen oder Laufen, sondern an Gottes Erbarmen." Andere Stellen stoßen ins selbe Horn, wenn sie davon sprechen, der Glaube sei ein Geschenk und durch nichts zu verdienen. Ist Gott also ein Gott der Willkür, wenn er den einen die Fähigkeit des Glaubens schenkt, den anderen nicht? Ist Gott ungerecht, launisch, unberechenbar? Hat er all diejenigen vergessen, die sich um den Glauben mühen? Nimmt er sie einfach nicht gnädig an, weil die Windrichtung, die Sterne oder die Mondphase nicht passen?

Es ist wahr: Lebendigen Glauben kann man sich nicht verdienen; er bleibt ein Geschenk. Und dennoch ist es nicht wahr, dass man nichts dafür tun kann und einfach auf die Erleuchtung warten muss. Ich möchte dies in einem Bild verdeutlichen.

Ein junger Mensch macht seinen Führerschein. Einige Wochen nach der erfolgreichen Prüfung erfährt er, dass ein entfernter Verwandter ihm ein Auto schenken möchte, weil er ja nun den Führerschein hat. Hat sich dieser junge Mensch das *Auto* verdient? Nein, sondern den *Führerschein*! Das Auto ist und bleibt ein Geschenk. Kann man aber behaupten, er habe für dieses Geschenk nichts getan? Ebenfalls nein, denn ohne Führerschein hätte er niemals das Auto bekommen.

Unser häufiger Fehler ist es, um im Bild zu bleiben, dass wir um das Auto bitten, ohne auf den Gedanken zu kommen, vorher einen Führerschein zu machen. Auch im geistlichen Bereich des Glaubens gibt es Entsprechungen. Hier gibt es den Begriff „Glaubwürdigkeit" – also die Würde des Glaubens, oder: des Glaubens würdig sein. Wir schenken nur solchen Menschen Glauben, die für uns glaub-würdig sind. Bei Gott ist es nicht anders. Auch er schenkt nur glaubwürdigen Menschen den wahren, lebendigen Glauben, also die Möglichkeit,

[13] Diese Predigt wurde in größerem Kontext auch in meinem Buch *Ströme lebendigen Wassers. Band 1: Grundlagen geistlichen Glaubens* publiziert, das 2010 in zweiter Auflage erschienen ist.

IHN selbst zu erkennen und zu erleben. Noch einmal: ich kann mir den Glauben nicht erarbeiten, nicht verdienen. Aber ich kann die Basis dafür schaffen, dass Gott mir Glauben schenkt: indem ich von ganzem Herzen IHN suche, bereit bin zur Hingabe an Gott, ja, auch bereit bin, IHN in meine Abgründe schauen und mich heilen zu lassen. Nur wenn ich bereit bin, Dinge loszulassen, die nicht wirklich zu mir gehören, weil sie meine Glaubwürdigkeit beeinträchtigen, kann Gott mich wirklich heiligen, kann er mir den Glauben schenken. Er ist und bleibt ein Geschenk – das Einzige, was ich tun muss, ist von Herzen „JA" sagen. Jesus sagt zu seinen Jüngern (Lukas 11, 9+10): „Bittet, so wird euch gegeben; suchet, so werdet ihr finden; klopfet an, so wird euch aufgetan. Denn wer da bittet, der empfängt; und wer da sucht, der findet; und wer da anklopft, dem wird aufgetan." Man findet Gott nicht, ohne zu suchen; es wird einem nicht ohne Klopfen aufgetan; es wird einem nicht ohne Bitten gegeben. Denn wo kein herzliches Begehren, da ist auch kein Dank; wo kein Dank, da ist auch keine Wertschätzung. Gott schenkt seinen unermesslichen Reichtum aber niemandem, der diesen nicht wertschätzen kann; er sagt sgar zu seinen Jüngern: „Ihr sollt das Heilige nicht den Hunden geben und eure Perlen sollt ihr nicht vor die Säue werfen, damit die sie nicht zertreten mit ihren Füßen und sich umwenden und euch zerreißen" (Matthäus 7, 6). Der größte Reichtum, den Gott uns zu schenken bereit ist, ist der Heilige Geist, sozusagen das Nervensystem des Leibes Christi, unsere Verbindung mit Gott. Und hier kommt die große und tröstliche Zusage Gottes. In Luks 11, 13 heißt es: „Wenn nun ihr, die ihr böse seid, euren Kindern gute Gaben geben könnt, wie viel mehr wird der Vater im Himmel den Heiligen Geist geben denen, die ihn bitten!" Egal, ob uns das Wort „böse" in diesem Zusammenhang als zu hart erschein – so haben wir doch die Zusage, dass *den Geist Gottes empfängt, wer herzlich (!) darum bittet.* Wer es dann dem Geist erlaubt, ihn zu heilen, wer bereit ist, sich dem Wirken – auch dem anfänglich unbequemen! – des Geistes auszusetzen, der wird erleben, dass er nicht nur eintaucht ein einen lebendigen Glauben an Gott, sondern auch erfährt, dass *Gott* an *ihn* glaubt, seine Glaubwürdigkeit, seine Aufrichtigkeit, seinen unverdienten Wert als einzigartiges Geschöpf.

Kommen wir noch einmal zum Bild vom Auto zurück. Ein Auto stellt man nicht nur einfach in die Garage, sondern man benutzt es. Es will gepflegt, betankt und gewartet werden. Und wenn man immer nur auf menschenleeren

Straßen fährt, hat man zwar seine Ruhe, aber im Zweifelsfall auch niemandem, der einem bei einer Panne hilft. Zum buchstäblich „erfahrenen“ Autofahrer wird man nur dadurch, dass man sich den Gefahren des Alltags aussetzt, dass man kritische Situationen meistert, auch bei Dunkelheit fährt und auch den Umgang mit Unfällen lernt. Auch der Glaube kann nur wachsen, wenn er gepflegt und regelmäßig „betankt“ wird. Das bedeutet im Glauben die Pflege durch regelmäßige Gebetszeiten, das Vertiefen des Glaubens durch Gottesdienste, den Austausch mit anderen Christen, Zweifel und Krisen und vieles mehr. Wer sich zurückzieht und sagt: „glauben und beten kann ich auch zuhause“, der bestätigt damit nur, vom Glauben nicht die geringste Ahnung zu haben.

Das Bild lässt sich noch weiter spinnen. Mit einem verlässlichen, gut gewarteten und vollgetankten Auto bei Dunkelheit unterwegs zu sein, ist allemal besser, als in einer Rostlaube auf dem letzten Tropfen herumzugurken. Manche Menschen nutzen das Auto nicht mehr nur für sich selbst, sondern sind Bus-, Taxi- oder LKW-Fahrer geworden und dienen somit anderen Menschen. Auch die moderne Technik lässt sich in das Bild integrieren. Das Navigationssystem steht für die Führung durch den Heiligen Geist. Es sagt uns, wo es langgeht. Mitunter können wir jedoch die Stimme nicht verstehen oder das Disply nicht erkennen. Oder aber, wir hören und sehen gar nicht hin. Das ist dann aber nicht die Schuld des Systems. Und ob wir den Ratschlägen des „Navis“ folgen, bestimmen immer noch wir, denn wir sitzen am Steuer.

Und so haben letztlich wir es in der Hand, ob und wann wir die Stimme vernehmen: „Sie haben Ihr Ziel erreicht.“

Brot des Lebens

Ich bin das Brot des Lebens. Eure Väter haben in der Wüste das Manna gegessen und sind gestorben. Dies ist das Brot, das vom Himmel kommt, damit, wer davon isst, nicht sterbe. Ich bin das lebendige Brot, das vom Himmel gekommen ist. Wer von diesem Brot isst, der wird leben in Ewigkeit. Und dieses Brot ist mein Fleisch, das ich geben werde für das Leben der Welt. Da stritten die Juden untereinander und sagten: Wie kann der uns sein Fleisch zu essen geben? Jesus sprach zu ihnen: Wahrlich, wahrlich, ich sage euch: Wenn ihr nicht das Fleisch des Menschensohns esst und sein Blut trinkt, so habt ihr kein Leben in euch. Wer mein Fleisch isst und mein Blut trinkt, der hat das ewige Leben, und ich werde ihn am Jüngsten Tage auferwecken. Denn mein Fleisch ist die wahre Speise, und mein Blut ist der wahre Trank.
Wer mein Fleisch isst und mein Blut trinkt, der bleibt in mir und ich in ihm. Wie mich der lebendige Vater gesandt hat und ich lebe um des Vaters willen, so wird auch, wer mich isst, leben um meinetwillen. Dies ist das Brot, das vom Himmel gekommen ist. Es ist nicht wie bei den Vätern, die gegessen haben und gestorben sind. Wer dies Brot isst, der wird leben in Ewigkeit.
Das sagte er in der Synagoge, als er in Kapernaum lehrte.
Viele nun seiner Jünger, die das hörten, sprachen: Das ist eine harte Rede; wer kann sie hören? Da Jesus aber bei sich selbst merkte, dass seine Jünger darüber murrten, sprach er zu ihnen: Ärgert euch das? Wie, wenn ihr nun sehen werdet den Menschensohn auffahren dahin, wo er zuvor war? Der Geist ist's, der lebendig macht; das Fleisch ist nichts nütze. Die Worte, die ich zu euch geredet habe, die sind Geist und sind Leben. Aber es gibt einige unter euch, die glauben nicht. Denn Jesus wusste von Anfang an, wer die waren, die nicht glaubten, und wer ihn verraten würde. Und er sprach: Darum habe ich euch gesagt: Niemand kann zu mir kommen, es sei ihm denn vom Vater gegeben.
Von da an wandten sich viele seiner Jünger ab und gingen hinfort nicht mehr mit ihm. Da fragte Jesus die Zwölf: Wollt ihr auch weggehen? Da antwortete ihm Simon Petrus: Herr, wohin sollen wir gehen? Du hast Worte des ewigen Lebens; und wir haben geglaubt und erkannt: Du bist der Heilige Gottes. *(Johannes 6, 48-69)*

Jesus spricht von sich hier in einer nicht gerade sehr unterwürfigen Weise. Durch seine Worte macht er sich geradezu selbst zu einer Art Nebengott. Nun – wo soll da das Problem sein? Schließlich ist er ja auch Gott. Gut – das wissen wir heute. Aber die Menschen damals? Ich kann die Leute nur zu gut verstehen. War dieser Jesus nicht schlichtweg übergeschnappt? Faselt da irgendwas von seinem Fleisch und seinem Blut, das die Leute essen und trinken sollen, um ewig zu leben! Das klingt ja alles andere als appetitlich – auch für viele Menschen heutzutage. Mal ehrlich: Wenn ich jetzt herginge und zu euch diese Worte reden würde, würdet ihr mich nicht auch in die Klapsmühle einliefern?

Aus unserer heutigen Sicht hat Jesus nichts als die Wahrheit geredet. Schließlich glauben wir, dass er der Sohn Gottes ist und mit seinem Vater im Himmel gemeinsam regiert, auch, dass in Brot und Wein bzw. Saft des

Abendmahles sein Leben in uns tritt. Woher aber sollten die Menschen damals wissen, dass sie nicht einem geschickten Redner, einem begabten Trickser, einem Verführer anheimfallen? Auf diese Frage werde ich nachher noch zu sprechen kommen.

Nun zu einem zweiten Punkt: Petrus steht mitsamt den anderen Jüngern etwas ratlos da und bekennt „Herr, wohin sollen wir gehen? Du hast Worte des ewigen Lebens, und wir haben geglaubt und erkannt, dass du bist der Heilige Gottes".

Es scheint mir wichtig, Zweierlei zu erkennen. Erstens: Petrus glaubt trotzdem. Er nimmt keinerlei Anstoß an der Rede Jesu, auch wenn er nicht gerade den Eindruck vermittelt, er habe alles verstanden. Das Wichtige an diesem Glauben ist das *Trotzdem.* Manche von euch werden in ihrem geistlichen Leben auch schon an diesem Punkt gewesen sein, *trotzdem* zu glauben. Glaube braucht keinen rationalen Grund, keinen verstehbaren Anlaß. Hier ist er wie die Liebe: Wahre Liebe fragt nicht: Warum liebst du mich, sondern bekennt: Ich liebe dich, und zwar ohne Grund, einfach so. Sobald es einen nachvollziehbaren Grund für den Glauben gibt, ist dieser Glaube dahin, sobald dieser Grund in Zweifel gezogen wird. Als ich über der Leiche meines Vaters kniete, hatte ich auch keinen Grund, weiter zu glauben. Ich habe es auch *trotzdem* getan – ohne Grund, und bin reich dafür belohnt worden.

Doch es geht hier noch weiter: Petrus spricht „wir haben geglaubt und erkannt". Beachtet bitte die Reihenfolge! Die Jünger haben also nicht *zuerst* erkannt und *dann* geglaubt, sondern zuerst *geglaubt* und dann *erkannt*! Dies ist sozusagen die Grundregel „erfolgreichen" Glaubens. Wir leben in einer durch und durch verkopften Welt. Auch damals war der Einfluss des Verstandes auf die gesellschaftliche Kultur und die Religion immens. Die griechische Antike bestand zur Zeit Jesu schon seit vielen Jahrhunderten im wesentlichen aus dem menschlichen Verstand – von den Naturphilosophen über Sokrates und Platon bis hin zu den großen philosophischen Schulen, die es noch in der Zeit Jesu gab. Ein Problem, auf das ich in meiner geistlichen Arbeit immer wieder stoße, ist, dass Menschen das Christentum mit all seinen Wirkungen, Inhalten und Ordnungen nicht verstehen und deswegen auch nicht glauben. Oder, vereinfacht gesagt: Alles, was sich nicht objektiv nachweisen und in Kilogramm, Metern oder Sekunden ausdrücken läßt, wird nicht geglaubt. Solche Menschen werden nie wirklich glauben können und sich bestenfalls eine tote Religion zurechtbasteln, die ihren geistigen Bedürfnissen einigermaßen genügt, und fertig. Diese Menschen bleiben bei einem einfachen Kindglauben, der sich hoffentlich nie bewähren muss – denn das hält er nicht aus! – oder bauen sich ein unnahbares Gottesbild zurecht, das nicht den geringsten Trost bietet. Lebendiger Glaube, der wirklich in einem „kindlichen" Verhältnis zu Gott steht und der in Gott wirklich ein persönliches Gegenüber sieht, ist so nicht möglich. Einfach gesagt: Der Glaube wohnt im Herzen, im Kopf der Zweifel.

Wieso geben manche von uns nun dem Verstand so viel Zugriff auf ihre Persönlichkeit? Weil sie ihren anderen Sinnen misstrauen. Gefühl und Intuition sind ja nicht verlässlich, sind ja manipulierbar – deswegen immer hübsch aufpassen! Aber Achtung – der Verstand ist auch nicht vor Manipulation gefeit. Gerade in der Geschichte der Theologie ist der Verstand immer wieder erfolgreich manipuliert worden, Politiker und Sektenführer schaffen dies auch heute noch; es ist auch überhaupt kein Problem bei einer Gesellschaft, die jahrelange und ergebnislose Diskussionen darüber führt, wann nun das neue Jahrtausend begonnen hat – am 1.1.*2000* oder *2001*? Sollte man nicht meinen, zu zählen sei eine der einfachsten Aufgaben eines Menschen?

Ist nun der Verstand eine Glaubens-Verhinderungseinrichtung? Nein. Und jetzt komme ich wieder auf den ersten Punkt zurück. Der Verstand ist eine unserer wichtigsten Fähigkeiten, wenn es darum geht, unser Alltagsleben zu bewältigen, aber auch, um große Fragen der Menschheit zu ergründen. Der Verstand ist aber auch eine Befähigung zum Selbstschutz.

Denn Vorsicht: Was ich jetzt sage, heißt ja im Klartext: Erst Glauben, dann Vertrauen, dann Erkennen. Das heißt, wenn's dumm geht, hat man schon einige Zeit etwas geglaubt, was man hinterher erst als Unfug oder als schädlich erkennt – wenn es vielleicht zu spät ist. Lebt nicht jede Sekte davon, ja haben nicht auch die Kirchen bis jetzt davon gelebt, dass man ihnen einfach glaubt – mit oder ohne nachfolgende Erkenntnis? Ist es nicht das Typische: Nichts hören, nichts sehen, nichts sagen – schon gar nicht zweifeln! –, sondern einfach nur glauben, was man vorgesetzt bekommt?

Das ist ein Problem, das zunächst nicht aufgelöst werden kann. Auch Gott verlangt zuerst den Glauben, denn er ist nicht beweisbar; auch wir Konventsgeschwister sind auf euren Glauben angewiesen, weil wir unsere Erwählung nicht beweisen können. Wohl gibt es Zeichen, aber die können ja wer weiß wo her kommen – Beweise sind sie nicht. Alle Christen sind auf Glauben angewiesen. Ich war auf Glauben gegenüber meinem geistlichen Mentor angewiesen, und geschadet hat es mir offensichtlich nicht, sonst stünde ich jetzt nicht hier. Heißt Glauben nun, unkritisch den Verstand ausschalten? Nein.

Hören wir den Grund: „Herr, du hast Worte des ewigen Lebens“. Mit anderen Worten: Die Erfahrung, die die Jünger mit Jesus gemacht haben, läßt sie auch Dinge glauben, die sie nicht verstehen. Jesus hat den Menschen nie zum Unheil, sondern stets nur zum Heil verholfen. Doch trotz allem: Ihr Gedächtnis scheint sehr kurz zu sein, denn kurze Zeit später wird er gekreuzigt. So viel haben also all die Wunder bewirkt – nur ein kleines Häuflein Aufrechter bleibt Jesus auch nach seinem Tod treu – Wurzel des heutigen weltweiten Christentums.

Ich schließe bewusst offen mit Fragen zum Nachdenken:

Was wäre passiert, wenn die *Jünger* damals nicht zuerst geglaubt und dann erkannt, sondern nur geglaubt hätten, was sie auch erkennen und verstehen konnten?

Wo stünden *wir* heute?

Hier?

Sünde!

Sünde! Kaum ein Wort wird so unmittelbar mit Kirche assoziiert wie dieses. Jeder denkt dabei sofort an die großen und kleinen Verfehlungen des täglichen Lebens, vielleicht an die katholische Beichte oder an den berühmten Gott, der mit erhobenem Zeigefinger alles sieht. Da kommen vielleicht auch Erinnerungen an eigene „Sünden“: „Ich habe meinem kleinen Bruder den Schokoriegel geklaut“, „Ich habe zwanzig Euro Trinkgeld nicht versteuert“ oder ähnliches. Theologen stehen natürlich mit weisem Lächeln darüber und verstehen unter Sünde heutzutage unvermeidliche, wesenhaft-immanente Trennung von Gott als Grundbefindlichkeit des existenziellen Menschseins. Ah ja – als ob uns das hier und jetzt wirklich weiterhülfe. Abgesehen davon wirkt das natürlich wie ein abgeschmackter Trick: Die Kirche redet uns ein, dass jeder Mensch von Grund auf sündig ist, und bietet – wen wundert's dann noch? – die Erlösung gleich mit an. Es ist wie in der Werbung: Sie wussten zwar von Ihrem Bedürfnis noch nichts, aber wir können es befriedigen!

Es ist ziemlich schade, dass sich die Kirchen über die Jahrhunderte in ihrem moralischen Anspruch so sehr über den Rest der Welt erhoben haben, dass sie den Kontakt zur Herde verloren zu haben scheinen. Abgesehen davon hat Kirche nicht nur Kontakt, sondern auch Glaubwürdigkeit verloren – die jüngsten Skandale haben mehr als eindrücklich gezeigt, dass auch die Kirche selbst alles andere als ein sündloser Raum ist.

Aber was bedeutet Sünde nun wirklich?

Im Neuen Testament finden sich – grob gesagt – zweierlei Verständnisse von Sünde: einmal Sünde als ethisch-moralischer Regelverstoß und einmal Sünde als geradezu abstrakte Macht, wie es beispielsweise Paulus sieht.

Sünde ist, platt gesagt, das Getrenntsein von Gott. Nachdem wir alle mehr oder weniger stark von Gott getrennt sind – wer wollte das bestreiten? – sind wir also sozusagen alle in Sünde verfangen. War ja klar. Und jetzt müssen wir wohl schön fest an den lieben Gott glauben und beten, oder was? Und überhaupt: Haben wir vielleicht den lieben Gott eingeladen, seinen Sohn für unsere Sünde am Kreuz zu opfern? Oder fühlt sich vielleicht jemand von uns hier wirklich als so schlechter Mensch, dass seinetwegen der Gottessohn Sühne bewirken müsste?

Nun, der Mensch ist von Gott so geschaffen, dass er sich nach Vollkommenheit und Erfüllung sehnt, die er hier im Erdenleben nicht bekommen kann. Der Mensch ist von einer tiefen Sehnsucht nach Gott geprägt. Oft jedoch ist diese Sehnsucht verschämt oder verschüttet und äußert sich dann im Horten von Geld, im besessenen Ausüben von Hobbies, in der Jagd nach irgendwelchen „spirituellen Erfahrungen" oder dergleichen mehr. Gott hat dieses Sehnen in uns aber eingepflanzt, damit wir IHN suchen, den einzigen, von dem wir wirkliche, heilende Erfüllung erwarten können. Hier zeigt sich Gott irgendwie ganz menschlich: Er sucht nach Liebe und Vertrauen – bei uns! Und wir suchen ebenfalls Liebe und Vertrauen – aber eben oft genug nicht oder zumindest nicht ausschließlich bei IHM. *Und genau das ist Sünde*. Nicht zu sündigen bedeutet also, in jedem Moment des Lebens ausschließlich auf Gott zu hören, auf Gott zu vertrauen, zu beten – und dabei unser Leben zu verpassen. Wenn wir ehrlich sind, besteht das Wesentliche an unserem Leben ja leider gerade darin, dass wir nicht die ganze Zeit uns nur von frommen Gedanken und Gebeten leiten lassen können. Und Gott wird uns nicht in einer persönlichen Offenbarung mitteilen, dass wir jetzt besser den Müll runter oder das Auto in die Werkstatt bringen sollten. Dafür haben wir einen Verstand.

Geben wir es einfach auf: Ein Leben ohne Sünde ist unmöglich. Bevor wir uns jetzt aber resigniert die Kugel geben oder verärgert aus der Kirche austreten, sollten wir einen Moment innehalten. Verlangt Gott denn eigentlich ein sündloses Leben? Die Antwort ist ganz schlicht: Nein. Haha, dann ist ja alles wunderbar! Jesus hat uns eh mit Gott versöhnt, dann können wir hier ja rumprassen, saufen und Schlimmeres?

Auch wieder nicht! Irgendwo musste doch der Haken liegen. Er liegt beim Stichwort „Liebe". Gott möchte, dass wir ihn lieben. Wer Gott liebt, wird versuchen, ihm möglichst ähnlich zu werden, ihn zu verstehen, ihm nicht unnötig weh zu tun. Mit anderen Worten: Der Maßstab unseres Lebens, unseres Verhaltens ist unsere Liebe zu Gott. Wer Gott liebt, säuft, prasst und hurt eben nicht. Das ist eine ganz einfache Logik. Und diese einfache Logik führt uns nun zum entscheidenden Punkt: Wichtig ist nicht, sündlos zu leben, sondern in der Liebe zu Gott auf die Vergebung der Sünde zu vertrauen. Dies bedeutet, dass unser unweigerliches Getrenntsein von Gott bei IHM keine Rolle mehr spielt, weil es durch die Liebe überwunden ist.

Ist das nicht klasse? Doch, natürlich. Denn das heißt, dass wir unbelastet von unseren menschlichen Schwächen und Verfehlungen, unbelastet von unserem bewussten und unbewussten aneinander schuldig Werden mit Gott leben und mit ihm rechnen können. Und das wiederum öffnet die Tür zu einem erfüllten Leben, das jede andere Suche nach Erfüllung überflüssig macht. Keine Gebundenheit an Geld, keine Gebundenheit an Hobbies oder Esoterik – einzig und allein unsere Fähigkeit zu lieben und zu vertrauen ist gefragt!

Und was macht nun die Kirche mit dieser Erkenntnis? Dazu müssen wir uns zuerst fragen, wer denn die Kirche ist. Verstehen wir unter Kirche jenes amtliche Ungetüm, das sich mehr oder weniger als geschlossene Gesellschaft Gottes geriert? Oder ist Kirche für uns nicht vielmehr jene Gemeinschaft von Gläubigen, die mit uns in der Liebe zu Gott verbunden sind?

Kirche im erstgenannten Sinn ist geistlich irrelevant, denn Liebe zu Gott lässt sich nicht in den Stein einer Organisation meißeln – das ist genauso unmöglich, wie Feuer einzufrieren. Was aber macht Kirche im Sinne einer lebendigen „feurigen" Gemeinschaft von Christen mit dieser Erkenntnis? Die Antwort ist einfach: *Sie wird gelebt!* Freiheit, die nicht gelebt wird, ist keine Freiheit. Erlösung, die nicht gelebt wird, ist keine Erlösung. „Man stellt ein Licht nicht unter einen Scheffel, sondern setzt es auf einen Leuchter", sagt Jesus in einem bekannten Gleichnis.[14] Christen sind dazu berufen, ihre Erlöstheit zu leben und durch ihr Leben zu bekennen. Damit sind wir Christen ein Leuchtturm in dieser Welt: ein erfülltes Leben leben zu können, ohne an Geld, Hobbies, Sex oder Macht gebunden und davon abhängig zu sein. Das macht die fleischliche Bibel aus, die von den innerlich hungernden und dürstenden Menschen dieser Welt gelesen wird.

Lassen wir uns also von dieser Freiheit durchdringen und unsere Erlöstheit leben, denn die Sünde kann uns nichts anhaben, wenn wir Gott lieben!

[14] Matthäus 5, 15; Markus 4, 21; Lukas 11, 33.

Salz der Erde, Licht der Welt

Ihr seid das Salz der Erde. Wenn nun das Salz nicht mehr salzt, womit soll man salzen? Es ist zu nichts mehr nütze, als dass man es wegschüttet und lässt es von den Leuten zertreten.
Ihr seid das Licht der Welt. Es kann die Stadt, die auf einem Berge liegt, nicht verborgen sein. Man zündet auch nicht ein Licht an und setzt es unter einen Scheffel, sondern auf einen Leuchter; so leuchtet es allen, die im Hause sind.
So lasst euer Licht leuchten vor den Leuten, damit sie eure guten Werke sehen und euren Vater im Himmel preisen. *(Matthäus 5, 13-16)*

Es ist eine unglaubliche Verheißung Christi, ein geradezu wunderbares Vertrauen, das Jesus seinen Jüngern entgegenbringt. Es ist eben nicht alleine Petrus, auf den ER seine Gemeinde baut, sondern es sind alle Jüngerinnen und Jünger. Jesus Christus, der sich selbst an anderer Stelle als „Licht der Welt“ bezeichnet, weitet diesen Anspruch nun auf diejenigen aus, die ihm nachzufolgen bereit waren und sind.

Doch ist dies mehr als nur ein einfaches Kompliment, gewissermaßen eine „Belohnung“ für die Treue in der Nachfolge, die ja gerade bei Petrus im entscheidenden Moment nicht gerade berühmt war; man erinnere sich nur an die Sache mit dem Hahn. Es zeigt ein grundlegende Haltung Gottes: Er baut sein Reich in dieser Welt eben nicht alleine, sondern nur mit der Hilfe der Menschen. Der Glaube ist hier keine Einbahnstraße, sozusagen eine Bringschuld des Menschen gegenüber Gott; nein, der Glaube beruht auf Gegenseitigkeit! In dieser Verheißung, in dieser Zusage wird deutlich, dass Gott zuallererst an seine Jüngerinnen und Jünger glaubt. Ist das nicht eine wunderbare Ehre, ein freudvoller Vertrauensbeweis? Gott, dieser große, allumfassende Gott vertraut sein Reich, sein Heilswerk den Menschen an! Wo sonst, wenn nicht hierin wird die berühmte Ebenbildlichkeit des Menschen deutlich? Gott hebt den Menschen aus dem Status eines ohnmächtigen, hilf- und willenlosen, unfreien Geschöpfes heraus, praktisch schon auf Augenhöhe mit sich selbst! Gott sagt: Ich will nicht allein sein; ich möchte, dass meine Schöpfung mit mir gemeinsam an einem Strang zieht, dass meine Schöpfung mit mir gemeinsam Heil bewirkt. Da spielt es dann keine Rolle mehr, ob Gott die Rettung der Welt nicht auch möglicherweise alleine bewirken könnte. Fakt ist, dass ER es nicht will, weil er sonst die Menschen entmündigen würde – und das wäre weder mit der Liebe gegenüber seinen Geschöpfen, noch mit der Freiheit vereinbar, die er uns zugebilligt hat.

Betrachten wir nun das Bild des Salzes noch einmal genauer. Es ist eine wesentliche Eigenschaft des Salzes, dass es salzt. Oder, noch klarer: Salz kann nicht „nicht salzen“, denn Salz ist nur dann Salz, wenn es salzt. Hier wird die Sache allmählich heikel. Wenn wir die Aussage Jesu verallgemeinert auch auf uns Christinnen und Christen heute beziehen, müssen wir uns die Frage nach unserer „Salzigkeit“ gefallen lassen. Sind wir Salz der Erde, dann müssen wir salzig sein; sind wir Licht der Welt, dann müssen wir leuchten; sind wir aus dem Geist geboren, dann müssen wir die Früchte des Geistes zeigen. Damit ist keine moralische Verpflichtung gemeint, nach dem Motto: Oje, jetzt bin ich Christ, dann muss ich dies oder das tun. Hier liegt ein großes Missverständnis vor, das die Kirchengeschichte über viele Jahrhunderte geprägt hat, denn das *Tun* folgt ganz von selbst aus dem *Sein*. Die Konsequenz des Umkehrschlusses formuliert Jakobus: Wenn der Glaube keine Werke hat, so ist er tot in sich selbst.[15] Es ist also ein fataler Irrtum zu meinen, der Glaube sei eine Privatsache, die niemanden etwas angehe. Dies ist allein schon psychologisch Unfug und meist ohnehin nur eine feige Ausrede von Leuten, die Angst haben, auf ihren Glauben festgenagelt zu werden. Das Christsein ist letztlich durch seine heilende Wirkung auf die Umwelt definiert! *Passives Christsein ist daher genauso unmöglich und paradox wie gefrorenes Feuer.*

An diesem Punkt müssen wir nun ehrlich zugeben, dass es eine große Verantwortung bedeutet, Licht der Welt und Salz der Erde zu sein. Daher lohnt es sich, einmal genauer hinzusehen, wem denn eigentlich Jesus diese Verheißung und Zusage gegeben hat. Es waren die Jünger(innen), die Jesus unter Aufgabe eines großen Teils ihrer Verpflichtungen und ihres Privatlebens nachgefolgt sind. Um es etwas poetischer zu formulieren: Sie haben ihr ganzes Leben geopfert, sie haben Jesus und seine Heilsbotschaft über alles andere gestellt; mit anderen Worten: Sie haben die völlige Hingabe an Gott gelebt. Nur durch diese Verbindlichkeit, durch diese leidenschaftliche Treue, durch diesen durch Mark und Bein gehenden Erweis von Glauben und Liebe war es Jesus möglich, diese Zusage zu machen. Wenn wir heute also ebenfalls mit dem Anspruch auftreten, Licht der Welt und Salz der Erde zu sein, müssen wir uns

---

[15] Jakobus 2, 17.

zuerst selbst prüfen und fragen: Wie stark ist meine Hingabe, meine Leidenschaft, meine Liebe, meine Treue gegenüber Gott? Wohlgemerkt: nicht nach Fehler-, Sünd- oder Makellosigkeit wird hier gefragt, sondern nach der Grundeinstellung unseres Herzens! Es ist ein wenig wie in dem bekannten Witz, wo sich ein Paar in der Eheberatung befindet. Die Frau beklagt sich, ihr Mann habe ihr seit Ewigkeiten schon nicht mehr seine Liebe bezeugt. Daraufhin erwidert er erstaunt: „Ich habe meiner Frau doch noch kurz vor der Hochzeit gesagt, dass ich sie liebe – und wenn sich das einmal ändert, werde ich es ihr schon rechtzeitig mitteilen!" Wes das Herz voll ist, des geht der Mund über, sagt Jesus[16] – mit dem berechtigten Umkehrschluss, dass, wenn der Mund nicht „über" geht, eben das Herz auch nicht voll ist. Bevor wir also mit theologisch stolzgeschwellter Brust in Anspruch nehmen, selbst „Licht der Welt und Salz der Erde" zu sein, müssen wir uns die Frage nach unserer „Salzigkeit", also unserer Leidenschaft, unserer Hingabe und unserer Liebe zu Gott gefallen lassen.

Nun gehen wir einmal davon aus, dass wir zu Recht uns diesen Anspruch zu eigen machen. Licht der Welt und Salz der Erde zu sein, bringt aber auch Probleme mit sich. Bei Abwesenheit von Licht fällt der Schatten nicht auf. Wo aber Licht ist, wird der Schatten bewusst und sichtbar. Das bedeutet, dass Menschen, mit denen wir zu tun haben, durch unser geistliches Licht ihr eigener Schatten, also ihre dunklen Seiten, bewusst wird. Das mögen verletzter Stolz oder seelische Wunden, Niedertracht oder einfach nur Hoffnungslosigkeit sein. Und längst nicht jeder Schatten hat es gerne, dass er „ans Licht gebracht" wird. Christ(inn)en, die als Lichtträger in der Welt unterwegs sind, müssen damit rechnen, dass ihnen nicht nur Dankbarkeit, sondern auch Ablehnung, ja vielleicht sogar offener Hass entgegenschlägt. Wer da keine entsprechend sichere „Rück-Bindung" – nichts anderes bedeutet das Wort „Religion"! – an Gott hat, wird womöglich verzagen, wird den Mut verlieren, wird womöglich, wie einst Petrus, in Wort oder Tat den Glauben verleugnen – mit jener resignierten Tragikomik, die einst Karl Valentin mit dem klassischen Ausspruch „können hätten wir schon wollen, nur dürfen haben wir uns nicht getraut" formuliert hat.

Einen letzten Punkt möchte ich nicht vergessen. Auch wenn es nicht jeder Schatten gerne hat, dass er durch das Licht ins Bewusstsein rückt: Licht zieht

[16] Matthäus 12, 34, sowie Lukas 6, 45.

jede Menge Mücken, Motten und andere Lebewesen an. Auch wenn dieser Vergleich mit einem kleinen Augenzwinkern verbunden ist, so hat er doch erfahrungsgemäß etwas Wahres: Christ(inn)en, die als geistliche Lichtträger auf dieser Welt unterwegs sind, müssen damit rechnen, von Menschen regelrecht „umschwirrt" zu werden, die ihr Licht entweder wirklich brauchen – oder es nur benutzen, ohne jemals wirklich etwas davon in sich einzulassen. Als Christ(inn)en brauchen wir also nicht zu hoffen, in Ruhe gelassen zu werden, denn wenn wir wirklich Licht der Welt und Salz der Erde sind, wird es mehr als genug Menschen geben, die unser Licht suchen. Dafür sind wir ja auch da! Nur müssen wir immer aufpassen, dass diese Menschen nicht überhand nehmen, uns nicht aussaugen oder ausnutzen. Sie haben zwar alle ein Anrecht auf unser Licht, aber sie haben jedoch kein Recht, es zu verdunkeln. Eine Straßenlampe, die von Schwärmen allerlei geflügelten Getiers so umschwirrt wird, dass sie regelrecht verdunkelt wird, erfüllt ihren Zweck nicht mehr. Im Gegensatz zur Straßenlampe können wir als Lichtträger rechtzeitig bremsen. Denken wir daran, dass Jesus als „Stammvater des Lichts" sich selbst immer wieder in die Wüste zurückgezogen hat zum Beten, zur Einkehr, zum Kräftesammeln. Hatte ER dies nötig, brauchen wir uns desselben nicht zu schämen.

Salz gibt dem Leben die Würze, Licht macht Dunkles bewusst, Licht zeigt den Weg, Licht ermöglicht es, genau hinzusehen, muss aber auch damit leben, unweigerlich gesehen zu werden. Wir haben einige Aspekte dessen betrachtet, was es heißt, wenn wir als geistliche Christinnen und Christen Licht der Welt und Salz der Erde sind. Eine engere Beziehung zwischen Gott und Mensch scheint kaum möglich – aber gerade diese enge Bindung bedeutet Verantwortung, bedeutet Leidenschaft, bedeutet Hingabe. Sie bedeutet aber auch, Fehler machen – siehe Petrus! – und sich allzu großer Ansprüche erwehren zu dürfen. Gott wollte bewusst *Menschen* an seiner Seite, keine *Über*menschen.

In diesem Sinne darf ich uns alle im Vertrauen auf Gottes Vertrauen *in uns*, im Glauben an Gottes Glauben *an uns* frohen Sinnes ermuntern: Lebt als Kinder des Lichts! Es ist unglaublich spannend – und es lohnt sich in jeder Hinsicht.

„Per-son“ – Wenn Gottes Saiten in uns klingen

Vortrag anlässlich des ökumenischen Neujahrsempfangs in der katholischen Kirche Corpus Christi, Nürnberg-Herpersdorf, am 20.1.2008

„Fürchte dich nicht, denn ich habe dich erlöst, ich habe dich bei deinem Namen gerufen, du bist mein“ – dieses Wort aus dem Buch des Jesaja (Jes. 43, 1) begleitet mich bereits seit langer Zeit durch mein Leben, nicht zuletzt in der Vertonung durch Johann Sebastian Bach, der eine wunderschöne Motette zu diesem Text komponiert hat. Doch was bedeutet es, bei seinem Namen gerufen zu werden? Mit Namen kann mich nur jemand rufen, der mich kennt. Mit seinem eigenen vollständigen Namen, vielleicht sogar einem Kosenamen, gerufen zu werden, setzt ein gewisses Maß an Vertrautheit voraus. Der Betreffende muss mich mehr als nur oberflächlich kennen. Und gerufen zu werden, das bedeutet doch – zumal nach dieser Zusage, sich nicht fürchten zu müssen und erlöst zu sein – : Gebraucht zu werden, geliebt zu sein; gerufen zu werden bedeutet also: Da hat Gott den Wunsch, mich in seiner Nähe zu haben. Ja: Gott möchte jeden von uns bei sich, in seiner Nähe haben!

Doch mit dem Kennen ist es so eine Sache – wer kennt mich, wer kennt mich wirklich? Oft kennen wir uns doch selbst nicht einmal. Wir tun Dinge, die wir selbst nicht verstehen oder die uns hinterher Leid tun. Sogar Paulus beklagt, er tue Dinge, die er gar nicht wolle. Nur wiederum Gott kennt uns, besser, tiefer und intimer als wir selbst – ein vielleicht nicht immer allen angenehmer Gedanke. Wie viele Menschen sind nicht schon fast damit bedroht worden: Gott sieht alles! Dabei sieht Gott das Unheile in uns nicht, um uns zu *verurteilen*, sondern um uns *heilen* zu können. In diesem Zusammenhang heißt es oft: Vor Gott gilt kein Ansehen der Person. Aber ist es da vielleicht nicht ähnlich wie bei der Staatsgewalt, vor der auch kein *Ansehen* der Person gilt, aber jeder das Recht hat, Gehör zu finden? Vielleicht gilt ja also das *Anhören* der Person? Was ist das eigentlich – eine Person?

Das Wort Person ist an sich bereits etwas Hochmusikalisches. Es kommt aus dem Lateinischen per-sonare und bedeutet „Hindurchklingen“. Doch was klingt da durch wen hindurch und was hat das mit dem Person-Sein zu tun?

Wir kennen das, wenn etwas bei uns auf Resonanz stößt, wenn jemand eine Saite in uns zum Schwingen bringt, wenn etwas bei uns Anklang findet. Da kommt etwas von außen und findet ein passendes Gegenstück in uns – vielleicht sogar etwas, von dem wir nicht geglaubt haben, dass es in uns steckt – eine „unbekannte Seite“ *an* uns wird so zur „unbekannten Saite“ *in* uns.

Als Person sind wir unverwechselbar, einzigartig und beziehen unseren Wert einzig und allein aus dieser Tatsache unserer Einzigartigkeit, in der wir von Gott geschaffen und geliebt sind. Als glaubenden Christinnen und Christen findet der Ruf Gottes in uns Resonanz, bringt eine ganz persönliche Saite zum Schwingen. Wenn wir dies zulassen, klingt Gottes Ruf in uns. Aber er klingt auch wiederum durch uns hindurch in die Welt. Denn *wir* sind die lebendige Bibel, die von allen Menschen wahrgenommen wird. Person sein bedeutet für Christen, dass sie Gottes Ruf des Angenommenseins, des Geliebtseins durch sich hindurch klingen lassen und so diesen Ruf weitergeben an die Welt und an Menschen, die noch nicht oder noch nicht so weit wie es ihnen möglich wäre Per-son, also sie selbst sind.

Nicht von ungefähr ist Musizieren – neben der Malerei – die älteste Kunstform überhaupt; sogar im Tierreich ist Musik als Verständigungsmöglichkeit unverzichtbar – vom Vogelgezwitscher bis zum Walgesang. Und das Musizieren ist unmittelbar heilend – nicht nur seelisch, sondern auch direkt körperlich, wie jüngste Studien wieder einmal gezeigt haben. Es nimmt daher nicht wunder, dass in der Heiligen Schrift an zahllosen Stellen vom Musizieren die Rede ist, vom Tanzen und Singen, von allerlei Instrumentalspiel. Mit der Musik bringen wir Gott etwas wieder, was er als Gabe uns *allen* – mehr oder weniger ausgeprägt, aber grundsätzlich eben *allen* – gegeben hat. Es gibt keine von Natur aus wirklich unmusikalischen Menschen – auch wenn bei einer Spontanumfrage hier in diesem Raum wahrscheinlich mindestens die Hälfte dieses zumindest von sich behaupten würde.

Was also durch uns hindurch klingt, ist letztlich Gottes Ruf, Gottes liebende Einladung in sein Reich. Erst dieser Ruf Gottes macht uns zur Person, zu etwas Einmaligem, das in dieser Einmaligkeit bedingungslos geliebt wird. So besteht kein Grund mehr zur Furcht, so sehr uns diese Welt auch immer wieder zu bedrängen versucht. Denn Gott ist an unserer Seite. Doch Gott ist auf uns angewiesen, und zwar freiwillig. Sein Heilswerk kann nur mit uns vollendet werden. So sind wir zwar erlöst – und das *wissen* wir auch! –, doch an uns ist es, diese Erlösung wahrhaft anzunehmen und in uns „Wirk-lichkeit“ werden, eben *in* uns und *durch* uns wirken zu lassen. Und so ist es auch mit dem Ruf Gottes: Bringt die Liebe Gottes etwas in uns zum Klingen? Oder verhallt der Ruf Gottes ohne Echo, etwa weil wir nur mit dem Kopf glauben und Gott ängstlich aus unserem sonstigen Wesen heraushalten? Oder ihn zumindest nur so lange in uns zulassen, so lange er uns nicht *so* heilt, dass eine Veränderung unseres Lebens, unseres Denkens und Fühlens, unserer wahren oder vermeintlichen Per-son eintritt?

Wir Kirchenmusiker haben vor Gott eine besondere Aufgabe. Wir sind in gewisser Weise die musikalisch professionellen Vertreter der Gemeinde vor Gott. Wir bringen den Klang der Christinnen und Christen vor Gott: Schmerz, Trauer, Freude, Dank, Sehnsucht, was immer uns oder die Gemeinde bewegt. Viele musikbegeisterte Menschen, gerade in den Chören, Posaunenchören, Orchestern und Musikgruppen, unterstützen uns, bringen sozusagen ihre Per-son mit ein. Ohne diese könnten wir unseren Auftrag, der gleichzeitig unsere *Berufung* und unser *Sehnen* ist, nicht oder nur rudimentär ausüben.

Vor diesem Hintergrund wirkt eine Entwicklung doppelt betrüblich. In unseren Häusern und Familien wird immer weniger gesungen und musiziert. Etwas bitter vermute ich, dass uns in dieser Hinsicht wahrscheinlich sogar die Neandertaler voraus gewesen sind. Welche Eltern singen ihren kleinen Kindern heute noch Schlaflieder? Wo wird unterm Christbaum noch im Familienkreis gesungen? Kann jemand noch ein einfaches Geburtstagslied abseits von „Happy birthday“? Ist die Nordkurve am Samstag Nachmittag wirklich für Viele der einzige Ort, an dem sie ihrem Kehlkopf noch einigermaßen gezielt Töne zu entlocken vermögen? Gewiss, noch immer musizieren Hunderttausende Woche für Woche deutschlandweit in tausenden von Chören. Doch viele Chöre sind vom Aussterben bedroht; der potenzielle Nachwuchs stöpselt sich oft lieber den Knopf ins Ohr und lässt sich von früh bis spät zudröhnen – eine letztlich *besinnungslose* und zutiefst *passive* Verhaltensweise, die nicht selten so oder ähnlich von den Eltern abgeschaut ist, die selbst kaum noch *aktiv* musizieren. Neulich auf der Weihnachtsfeier der Grundschulklasse unserer Tochter sang fast keiner der etwa dreißig anwesenden Erwachsenen etwa meines Alters auch noch so bekannte Weihnachtslieder wie „Ihr Kinderlein kommet“ oder „O du fröhliche“ mit – trotz ausgeteilter Textblätter. Wovor haben diese Menschen Angst? Sich mit ihrem Gesang zu blamieren? Eine Angst, die kaum ein anderes Volk dieser Welt kennt!

Wenn wir die Gedanken von vorhin ernstzunehmen wagen, dann bedeutet dieses durchaus symptomatische Ereignis nicht nur einen Verlust an musikalischer Basiskultur. Da grundsätzlich jeder normale Mensch von Natur aus zumindest einigermaßen singen kann und es eben nur eine Frage der regelmäßigen Übung ist, wie gut dies gelingt, ist das schleichende musikalische Verstummen mehr als einfach nur ein bedauernswerter, aber eben hinzunehmender Bestandteil unserer Zeit, mehr als ein verschmerzbarer Kratzer im Lack unserer Hochkultur. Es ist ein Verlust an Lebensqualität, ein Verlust der Fähigkeit zu wahrer Freude, ein Verlust der Fähigkeit, die eigenen Gefühle durch Musik auszudrücken, wo Worte versagen; es ist letztlich ein Verlust an Identität und an Authentizität, an Per-son. Oft erkennen wir ja einen Menschen zuallererst an seiner Stimme, die genauso unverwechselbar und einmalig ist wie ein Fingerabdruck, wie eben jeder Mensch. Wer sich aber der eigenen, wenngleich vielleicht bescheidenen oder untrainierten, Gaben schämt – und damit meine ich nicht nur die musikalischen!, durch den kann nichts hindurch klingen. Da fehlt im wahrsten Sinne ein Teil der Per-son. Und das ist sehr schade.

„Singt und spielt dem Herrn in euren Herzen“, so ruft uns der Apostel Paulus zu (Eph. 5, 19). Wenn Gott unser Musizieren hört, so vernimmt er den Widerhall, die Resonanz, seiner Gabe durch den Filter unseres Lebens. „Ich komme, bring und schenke dir, was du mir hast gegeben“, so dichtet Paul Gerhardt in seinem bekannten Weihnachtslied „Ich steh an deiner Krippen hier“. Nichts anderes geschieht – auf welchem Niveau auch immer – bei Gesang, Tanz und Instrumentalspiel: Wir beten, wir freuen uns, wir klagen, wir scherzen, wir unterhalten uns – doch letztlich alles immer vor, von, mit und durch Gott. Oft scheinbar völlig zweckfrei, aber doch von tiefem Sinn erfüllt. Wenn wir uns also von Gott wirklich bei unserem Namen rufen lassen, dann wagen wir es doch auch, seinen Ruf nicht im Gestrüpp unseres ermatteten und gestressten Gemüts verhallen zu lassen, sondern diesen Ruf der Liebe und der ewigen Freude anzunehmen und weiterzugeben. Denn nicht das *Ansehen*, sondern das *Anhören* der Person gilt vor Gott, davon bin ich überzeugt. Nicht, dass gute Musiker die besseren Christen wären, aber wer buchstäblich nichts von sich hören lässt, der hat Gottes Ruf nicht wirklich „wahr-genommen“ und gleicht irgendwo jenem Knecht, der das wenige Anvertraute versteckt, statt es zu vermehren (Mt. 25, 15 ff.). Reden wir uns nicht heraus mit der Zeit, die wir nicht haben, mit unserer Scham, der Angst vor unserem Gekrächze oder dem Gelächter der Anderen (die es im Zweifelsfalle auch nicht besser können), mit unserer schlimmen Kindheit, mit fehlenden Chancen; allenfalls Kranke oder Hochbetagte können dies als „Entschuldigung“ in Anspruch nehmen. Auch im verplantesten Leben findet sich ein Winkel fürs Musizieren – und wenn es nur das insgeheime leidliche Nachträllern irgendeines Schlagers ist, das uns ein wenig Freude macht und das der Anfang eines inneren Heilungsprozesses sein kann.

Fassen wir doch den Mut, in unseren Alltag wenigstens einen Funken der gottgegebenen Gaben wieder zurückzuholen, die zu unserem Heil und zu dem der Welt bestimmt sind. Lassen wir sie durch uns hindurch klingen – zu unserem Heil, dem unserer Welt und Gott zur Ehre!

Meditationen aus Konzert-programmen

Requiem – einige Gedanken zur heutigen Aufführung

Aus dem Programmheft für eine von mir geleitete Aufführung des „Deutschen Requiems" von Johannes Brahms in der Osterkirche Nürnberg-Worzeldorf am 21.11.2010

Das Requiem ist seinem Wesen nach zunächst eine Messe für Verstorbene, und so erscheint es auf den ersten Blick ebenso logisch wie wenig originell, eine monumentale Vertonung des Requiems am Ewigkeitssonntag (im Volksmund auch „Totensonntag" genannt) aufzuführen.

Doch greift dieser Gedanke allein zu kurz. Der letzte Sonntag des Kirchenjahres weitet unseren Blick aus den Tiefen der Gräber hin zur Wiederkunft Jesu Christi. Er markiert damit einen Wendepunkt: weg von der schmerzhaften Erfahrung der Begrenztheit menschlichen Lebens hin zur Erwartung der Wiederkunft des Gottessohnes. Genau diese Wiederkunft wurde übrigens ursprünglich mit dem Weihnachtsfest verbunden, nicht das Andenken an Jesu Geburt.

Da diese Aufführung in der Osterkirche stattfindet, bietet es sich an, gewissermaßen in der Mitte zwischen zwei Osterfesten an eine Begebenheit am Ostermorgen zu erinnern, wie sie uns der Evangelist Johannes im 20. Kapitel überliefert:

> Maria aber stand draußen vor dem Grab und weinte. Als sie nun weinte, schaute sie in das Grab und sah zwei Engel in weißen Gewändern sitzen, einen am Kopfende und den andern am Fußende, wo sie den Leichnam Jesu hingelegt hatten. Und sie sprachen zu ihr: Frau, was weinst du? Sie antwortete ihnen: Sie haben meinen Herrn weggenommen, und ich weiß nicht, wo sie ihn hingelegt haben. Und als sie das sagte, wandte sie sich um und sah Jesus stehen und wusste nicht, dass es Jesus war. Da sprach Jesus zu ihr: „Frau, was weinst du? Wen suchst du?" Sie meinte, es sei der Gärtner, und sprach zu ihm: „Herr, hast du ihn weggetragen, so sage mir, wo du ihn hingelegt hast; dann will ich ihn holen." Da sprach Jesus zu ihr: Maria! Da wandte sie sich um und sprach zu ihm auf Hebräisch: Rabbuni!, das heißt: Meister! *(Joh. 20, 11-15)*

Maria erkennt Jesus also erst, als sie ihren Blick aus dem Grab wendet, sich umdreht und bei ihrem Namen genannt, von Jesus wirklich persönlich angesprochen wird!

Wenn wir heute ein Requiem aufführen, dann nicht in erster Linie als künstlerisch einigermaßen anspruchsvolle Wiederbelebung eines musikalischen

Denkmals, sondern weil wir hoffen, dass Gott SIE durch unsere Musik persönlich anspricht. Vielleicht legen Sie in das Erleben der Musik all das hinein, was Ihnen in diesem Jahr an Schmerz und Leid widerfahren ist. Vielleicht haben Sie wirklich liebe Menschen zu Grabe tragen müssen, vielleicht aber auch „nur" Wünsche, Chancen oder Träume. Bei Manchem mag es sogar gut sein, wenn wir es in uns sterben lassen: etwa Selbst- oder Gottesbilder, die sich als nicht (mehr) tragfähig oder tragbar erwiesen haben, schlechte Angewohnheiten, Verbitterung, Enttäuschung und Frust oder einfach nur „fixe Ideen", in die wir uns allzu gerne verrannt haben.

Denn wir kommen allein mit dem Blick in ein Grab voller Belastendem oder Hinderlichem nicht weiter. Zukunft, Perspektiven und neue Chancen werden wir nur bekommen, wenn wir – wie Maria – den Blick wenden und aufsehen zu Jesus Christus. Lassen wir das Tote und die Toten mit Dankbarkeit und Trost im göttlichen Frieden der realen oder ideellen Gräber! Erlösung im Hier und Jetzt ist nur durch Lösen, also ein vertrauendes und zuversichtliches Loslassen möglich. Für das Tote und die Toten kann unser Requiem heute der Segenswunsch für ein Ruhen in ewigem Frieden sein – und für uns vielleicht eine Hilfe, loslassen zu können: Nicht nur die Toten sollen Frieden bekommen, sondern auch wir dürfen uns von Frieden und Trost erfüllen lassen!

Vielleicht erleben Sie ja auch bei der Musik oder in den kommenden Tagen oder Wochen, von Jesus Christus bei Ihrem Namen genannt, also persönlich angesprochen zu werden, wirklich persönlich gemeint zu sein – wie einst Maria.

Der Ewigkeitssonntag bietet die Möglichkeit, das Belastende abzugeben, das Herz buchstäblich auszuschütten und die Seele zu leeren, damit Gott in den kommenden Wochen in unseren Herzen wieder neu Platz finden und sie neu füllen kann: nicht mit Leid, sondern mit göttlicher Freude – anfangs vielleicht nur ein zaghaftes Glimmen, letztlich womöglich ein leidenschaftliches Feuer.

Wenn wir dann in fast fünf Wochen die Erinnerung an Christi Geburt feiern, bekommen die altertümlichen Worte des Kirchenliedes „Ich steh an deiner Krippen hier" von Paul Gerhardt für Sie vielleicht einen neuen, aktuellen Sinn:

„Ach lass mich doch dein Kripplein sein, komm, komm und lege bei mir ein dich und all deine Freuden!"

Das Elixier der Gnade

Meditation aus dem Programmheft für einen Abend mit Orgel und Tanz in der Osterkirche Nürnberg-Worzeldorf am 23.5.2009, durchgeführt gemeinsam mit der Ausdruckstänzerin Heike Eichenseher

Das Elixier der Gnade
ist aller Anfang
und fordert Dich auf,
direkt in die Mitte zu gehen.

Das Elixier der Gnade bleibt Dir verborgen
Und ist zunächst ein Angst machender Motor.
Es setzt Dich in Bewegung –
Doch willst Du es wirklich?

Der Weg scheint gut zu sein,
Denn ich bin nicht gemeint!
Lasse ich mich überhaupt meinen?

Und dann – plötzlich der Schritt, der nicht mehr möglich ist.

Die Angst vor der Verantwortung,
neue Freiheit zu gestalten.

Das Scheitern hilft dabei,
sich auf die eigene Identität zu besinnen,
aber DER EIGENE WERT KANN NICHT ERARBEITET WERDEN.

Das Nichts ist unmöglich?
Nichts ist besser als aussichtslos.

Ist das Nichts ist eine Tür-Öffnung,
um der Gnade zu begegnen?

Die Bereitschaft, den eigenen Wert nicht mehr zu erarbeiten,
heißt, Vertrauen zu schöpfen.
Der Mut, das zu sein und zu tun,
was man nur selbst als EINZIGER sein und tun kann.
Der Mut, so zu werden, WIE ICH GEMEINT BIN!

Der "Schritt, der nicht mehr möglich ist" wird zum Vertrauen,
das "NICHTS" zur Hingabe,
die Hingabe zum Elixier der Gnade,
der Gnade, die mich wirklich meint,
Gottes Liebe.

Heike Eichenseher/ Joachim Roller

Printed by Books on Demand GmbH, Norderstedt / Germany